AF247679

LE
1881

SIÉGE DE MÉZIÈRES

SOUVENIRS DE 1815

CHARLEVILLE

TYPOGRAPHIE F. DEVIN ET C°, RUE DE CLÈVES.

LE

SIÉGE DE MÉZIÈRES

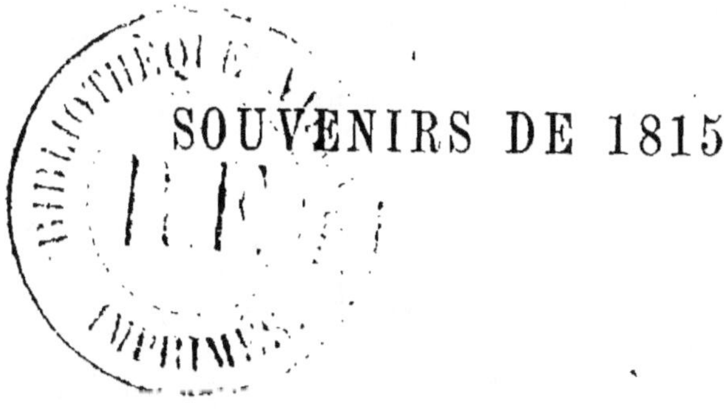

SOUVENIRS DE 1815

CHARLEVILLE

TYPOGRAPHIE F. DEVIN ET Cᵒ, RUE DE CLÈVES.

LE
SIÉGE DE MÉZIÈRES

SOUVENIRS DE 1815

L'ardennais qui, avant la guerre de 1870, venait au chef-lieu du département, ne pouvait, en franchissant ces sombres fortifications d'un autre âge, s'empêcher de songer à la défense du chevalier Bayard et surtout à celle plus récente de 1815. Il aimait à l'entendre de la bouche de quelques rares témoins de l'époque ; ensemble, ils se complaisaient à répéter que, si jamais l'étoile de la France pouvait pâlir, le patriotisme légendaire des Macériens ne se démentirait point. Aveugle confiance, illusions généreuses, détruites en une nuit d'incendie ! Mais faut-il que le désastre de 1870-1871, que la chute d'une place vouée à une lutte impossible par la coupable insouciance de l'Empire efface le souvenir de ce que des hommes de cœur surent y faire en 1815 pour l'honneur du pays et dans des conditions de défense cependant défavorables ? Je ne le pense pas et, fidèle à mon système de prédilection en matière d'histoire locale, je me propose d'examiner cette époque par le menu, avec l'aide de contemporains, si obscur, si modeste qu'ait été leur rôle. Ma source principale, indépendamment des papiers publics, des documents du ministère de la guerre et des renseignements divers, sera le manuscrit de M. François-Victor B***, ancien officier d'infanterie, un des défenseurs de Mézières, mort il y a une vingtaine d'années dans le département de la Meuse.

Ces notes, d'un style tout familier, ainsi qu'on le verra, remontent à une époque bien antérieure à 1815. Elles sont précédées d'une sorte de préface où l'auteur se fait connaître en ces termes : « Depuis 1810, à la suite de la cruelle blessure que j'ai reçue en Espagne, et qui a causé l'amputation de mon pied droit, je me suis retiré à ***, bon pays, dans l'intention d'y vivre de ma pension et de ma décoration ; mais, y ayant pris femme et fait souche, j'ai songé à procurer à ma petite famille, par un travail honorable, une aisance dont je n'aurais su la faire jouir, si j'étais demeuré oisif. D'abord, successeur de M. Lecoq, ex-commis voyageur de la maison Destable, oncle et neveu, pour le placement des vins de Bar, j'ai entrepris ensuite d'offrir pour mon compte, dans le département des Ardennes, les vins de pays du département de la Meuse. »

Voici donc notre voyageur en route. Vu sa jambe de bois et la rareté des voitures publiques, il a acheté un cheval réformé de la gendarmerie, si haut, nous dit l'ex-lieutenant de voltigeurs, qu'il est obligé, pour enfourcher sa monture, de la faire descendre dans le fossé de la route. Son infirmité et son étoile de la Légion d'Honneur qu'il porte à la boutonnière lui font du bien, paraît-il, auprès des bourgeois qu'il sollicite. François-Victor B***, j'en préviens le lecteur, parle volontiers de sa décoration, qu'après tout il a payée assez cher. Le récit de ses pérégrinations commerciales nous intéresserait peu, mais il n'en sera peut être pas de même de quelques notes prises en février 1814, qui donnent un aperçu de la région au moment de la première invasion.

Lundi. — Il était donc grandement temps de veiller au grain — le narrateur fait allusion aux sommes qui lui étaient dûes dans le département des Ardennes et pour le recouvrement desquelles il concevait des craintes. « Il faisait déjà nuit quand je suis sorti de Blagny. La neige commençait à tomber. Je savais bien que l'Empereur avait dit que toutes les villes ayant conservé quelque fortification pouvaient et devaient résister; je le savais, et pourtant j'ai été étonné de voir que Carignan, dont les murs tombent, avait été mis en état de défense, autant du moins qu'une troupe à cheval sait le faire. C'était un escadron de lanciers polonais, dont le dépôt général était à Sedan.

« On aurait dû me prévenir à Blagny que la route était coupée au droit de la rue *Barlibanc*, et je n'aurais pas manqué de tomber avec ma jument dans le fossé. Ces Polonais ne savaient guère se garder, et ma bête avait déjà un pied dans leur traquenard que personne n'avait seulement crié : qui vive ! Les douaniers sont plus méfiants. J'étais en train de jurer et de sacrer un peu proprement, quand deux préposés m'arrivent sur les talons, tout essouflés. Les douaniers connaissent tous les voyageurs ; ils m'appellent par mon nom et ils me content qu'ils sont de la brigade ambulante qui est postée sur le *Mont-Tilleul* ; qu'ayant entendu un cheval galoper sur la route, ils ont coupé à travers champs pour joindre plus vite. Seulement alors, un lancier avec son manteau blanc se montre derrière la palissade ; il nous visait avec son pistolet. Les douaniers lui crient que je suis ami et vraiment bon Français ; il baragouine comme un Allemand. Ils m'aident à descendre et à faire remonter le fossé à ma bête. Nous entrons en ville. Ils me disent que sûrement le factionnaire était gris, car les Polonais boivent le schnaps comme les enfants boivent le lait. Nous sommes allés ensemble faire viser mon passeport à la maison commune. Il y avait là un poste de lanciers ; vu l'état de guerre, c'est le lieutenant qui a signé. Il parlait couramment le français et il s'est montré bien affable en voyant l'étoile à la boutonnière de ma capote. Mon camarade Dauphin, qui a fait campagne avec eux, m'a rapporté que les Polonais admiraient le ruban rouge, et ils chantaient dans leur langage une chanson qui voulait dire « On voit sur la poitrine des braves

Français le sang qui coule daus leur cœur » ou quelque chose dans le même goût.

« Il était trop tard pour visiter mes clients. Je suis allé souper et coucher chez Penasse. C'est le meilleur logis de Carignan et de bien loin à la ronde. On y mange bien et au plus juste prix. Je me suis laissé dire qu'il a été cuisinier d'un ci-devant prince, et la chose est possible.

Mardi. — Au matin, j'ai vu les Polonais qui allaient donner l'avoine à leurs chevaux sous la halle. Ils les attachent aux piliers et c'est toujours là qu'on faisait la distribution et non pas dans les écuries des bourgeois, parce que certains reven-daient l'avoine pour acheter du schnaps. Ensuite ils les ont mené boire au grands puits, devant l'é-glise. On ne pouvait plus aller à la rivière qui est pleine de charognes, du fait de la peste qui est sur les bestiaux.

« J'ai vu tous mes clients, M. de Spinette, le maître de forges, M. Rousseau, M. Bournel, M. le curé Cunisse, M. Lacroix, qui fait filer la laine pour les manufactures de Reims ; il est en passe de devenir riche, il occupe plus de cent rouets dans tous les environs. M. l'abbé Renaut m'a dit la même chose que M. de Spinette : à savoir que la France était punie d'avoir fait la Révolution et l'Empereur châtié d'avoir empoigné le Pape et de l'avoir mis en prison. Je lui aurais répondu sciem-ment de bon cœur que la prison était douce, ayant monté la garde au palais de Fontainebleau ; mais quand on est dans le commerce, il vaut mieux ne pas parler du tout et penser le double.

« J'ai été payé de tout le monde. On me disait partout : « Nous vous devons ; quand même nous serions pillés et ruinés par les Cosaques, nous vous devrions tout de même ». Personne ne m'a rien commandé, pas même Penasse. Il avait des vins renommés dans sa cave et il craignait les amateurs. On ne voyait plus d'argenterie chez lui, ni nulle part. Les femmes ne portaient plus de boucles d'oreilles, on avait caché tout cela dans la terre. La peur était grande, surtout des Cosaques.

» Les douaniers gardaient la porte d'en haut. C'est la plus facile à défendre, parce que le fossé est profond. Ils montaient la garde à l'avancée et n'empêchaient point les grains d'aller sur le pays bas. Sur le coup de midi, comme nous nous mettions à table, la trompette a sonné l'alarme, et les bourgeois ont vite monté à leurs greniers ou couru sur les remparts pour mieux regarder au loin. C'était une colonne de douaniers avec leurs femmes, leurs enfants, le mobilier, la provision sur des chars. Ils emportaient aussi les archives. Ils menaient avec eux quelque menu bétail. Ils ont déclaré venir des bords du Rhin ; jusque passé Metz, ils ont dû quelquefois tirer sur les Cosaques qui leur voulaient prendre leurs chèvres ; ce qui faisait voir que le gros de l'ennemi n'était pas loin. Le canon de Montmédy leur a tiré dessus par méprise.

« J'ai quitté Carignan à trois heures ; je les ai rejoints comme ils allaient entrer à Sedan. Cette ville n'est pas en bon état de défense. Les murs croulent dans les fossés. Il n'y a point d'autre garnison que deux compagnies de vétérans, et les gendarmes et les recrues des Polonais ; on monte les canons sur les remparts. Le château-fort est imprenable, et c'est ce qui fait peur aux bourgeois, parce que le commandant de la place a dit qu'il brûlerait la ville, quand les Kaiserlicks seraient entrés dedans; M. Bridier m'a affirmé qu'il était capable de tenir parole. Ce serait triste pour les grandes manufactures de fin drap qui attirent tant de commerce dans Sedan, mais le commandant de la place ne ferait que son devoir.,...

Les bourgeois ne sont pas contents du départ des gardes d'honneur. On a pris pour y entrer des blancs-becs du collége.....

M. Simon me devait trois cent vingt-deux francs. Il m'a mené à son jardin, qui est situé dans un bastion en face le faubourg. Il m'a montré le trou qu'il a fait dans la terre, et avant, il a fait le tour derrière le mur pour voir s'il n'y avait personne. Mais il a sans doute mal regardé, parce qu'une voix a crié comme qui dirait derrière la poudrière : « Je sais où il est. » Je suis sorti et je n'ai vu non plus personne, alors M. Simon a eu peur et a retiré tout son argent. Il m'a payé en napoléons, cela m'est bien plus commode. A Carignan, je n'ai pu avoir que des écus de six francs et cela tient trop de place dans mon porte-manteau..... Coucher chez Bouton. Fait ferrer ma jument chez Thierry.

Mercredi. — Je suis parti après déjeuner pour

Mézières, en passant par Vrigne-aux-Bois. Ce village est presque désert. On ne fond plus de projectiles aux forges, de crainte de surprise de l'ennemi, et les ouvriers ont dû quitter le pays. Les meilleurs sont employés à la manufacture d'armes de Charleville. M. ***, un bourgeois très riche, qui me gardait tous les ans sa fourniture de vin, m'a demandé, au contraire, de lui racheter sa cave de peur des Prussiens. Il encaverait, à la place, de la bière du pays qui ne coûte pas cher. »

Notre voyageur ne nous révèle rien de curieux sur la physionomie de Mézières ; rien non plus sur Charleville, où il se borne à recueillir le montant de ses factures. Nous le laisserons revenir et ne le retrouverons qu'à la poste aux chevaux de Mouzon, à la jonction des chemins de Stenay et Carignan, où il assiste au défilé de l'armée autrichienne obligée d'emprunter le pont de Mouzon pour passer en Champagne. Il revoit des Cosaques et des Pandours. Hâtons nous de dire que, par pudeur, l'ex-officier a arraché sa croix et l'a mise dans sa poche. Il « jure et sacre un peu proprement » à l'aspect de ces soldats qu'il a été habitué à battre pendant dix ans. Il voudrait encore le faire et il croit qu'il le pourrait. On ne sait pourquoi, à un certain moment, on force tous les curieux qui se pressaient sur la route à rentrer dans la ville. Devant l'église il y a une chaise de poste, d'où est descendue une femme admirablement belle et couverte de joyaux, qu'on dit être une princesse autrichienne. Elle est entrée dans l'église et beaucoups d'officiers y sont entrés aussi.François-Victor B*** estime que leur but n'est pas d'y faire leur prière, attendu que lui, qui a suivi le mouvement, n'a songé qu'à voir encore de plus près la beauté étrangère Il trouve à grand'peine un lit chez son ami et client M. François Desse, l'avocat, dont la maison regorge de soldats, et repart le lendemain pour sa résidence habituelle, dans le département de la Meuse. Nous allons l'y laisser pour plus d'un an et transporterons le lecteur à Mézières, dans les premirs jours de mars 1815.

Depuis l'abdication de Fontainebleau, une assez grande tranquillité régnait dans le département des Ardennes. Le prix du blé, qui ne valait que treize francs l'hectolitre, permettait à la classe pauvre de manger du pain. Le travail avait repris dans les manufactures de Sedan et de Reims, et cette dernière ville assurait de l'occupation à de nombreux ouvriers dans les arrondissements de Rethel et Vouziers. Notre département avait peu connu les agitations inséparables du mouvement religieux, de la croisade, pourrait-on dire, suscitée par les fameux *missionnaires*, contre les révolutionnaires de toute la France. Il est bon de rappeler que, sous le nom de *révolutionnaires*, les cléricaux comprenaient les bonapartistes et les quelques rares fidèles adhérents du principe républicain. Ce n'était pas cependant que les *Paccanaristes*, *Pères de la Foi*, et autres succédanés de la célèbre Compagnie de Jésus, manquassent de crédit auprès du préfet des Ardennes. M. de Roussi ; mais le fanatisme et

l'exaltation de ces nouveaux apôtres avaient peu
de prise sur le calme raisonné et le bon sens des
populations ardennaises. On vit peu dans nos ré-
gions de ces conversions à effet, de ces démons-
trations d'une piété bruyante, auxquelles le clergé
paroissial proprement dit a été moins mêlé qu'on
ne le croit communément.

Notre département n'avait pas cessé, depuis le
départ des alliés, d'être occupé par des forces
militaires importantes. Le maréchal Victor, duc de
Bellune, avait été nommé gouverneur de la 2ᵉ division militaire, et avait établi son quartier général
à Sedan, où se trouvaient plusieurs bataillons
d'infanterie, provenant de différents régiments, et,
comme cavalerie, le 8ᵉ régiment de lanciers au
complet. Mézières, où commandait le lieutenant-
général Dumonceau, comte de Bergendal, possédait le 22ᵉ de ligne, et le 8ᵉ cuirassier était logé à
Charleville, à la grande gêne des habitants, et dans
les villages avoisinants. Les généraux et officiers
supérieurs, qui comptaient un certain nombre
d'anciens émigrés, faisaient montre d'un bruyant
dévouement à la dynastie des Bourbons ; les officiers subalternes, pour la p'upart sortis du rang,
gardaient une grande réserve, et, dans leurs rapports avec la population civile, ils eussent diffici-
lement fait vibrer la corde bonapartiste chez les
bourgeois satisfaits d'un bien être matériel indiscutable.

Tel était l'aspect de notre région quand y arriva
la nouvelle incroyable du débarquement de Napo-

léon au Golfe Juan. Transmise par les télégraphes à signaux établis sur les clochers ou les édifices publics les plus élevés, elle avait d'abord trouvé beaucoup d'incrédules : d'autre part, l'autorité elle-même était assez embarrassée, le temps couvert et orageux qui régnait alors sur presque toute le France, rendant les communications télégraphiques très incertaines. Des groupes de curieux stationnaient au pied des télégraphes cherchant à pénétrer leurs signaux désordonnés, leurs interrogations effarées. Le préfet des Ardennes, pour sa part, ne s'en contenta point ; deux gendarmes partirent pour Rethel, où ils trouvèrent un avis officiel de Reims confirmant avec détails le débarquement de *Buonaparte*. Ces renseignements transmis de brigade en brigade n'avaient mis que deux jours pour arriver de Paris à Mézières.

Le mercredi 8 mars, vers sept heures du soir, on vit sur le pont qui unit les deux villes, M. Forest, maire de Charleville, accompagné des principales autorités et des officiers supérieurs du 8e cuirassiers. Ils se rendaient à la préfecture où étaient déjà arrivés le lieutenant-général Dumonceau et les autorités civiles de Mézières. La délibération fut longue ; un millier de personnes restèrent toute la soirée devant la préfecture à attendre la sortie, dans le plus grand ordre. La retraite militaire avait été battue à l'heure habituelle et toutes les permissions de dix heures accordées le matin retirées. Des patrouilles parcouraient tous les cafés et lieux publics de Mézières et Charleville pour en faire sortir les soldats. Il en rentra une trentaine dans les différentes casernes de Mézières. Leur attitude était calme, ils ne répondaient point aux observations des bourgeois curieux de savoir ce qu'ils pensaient. Le lendemain jeudi, dès qu'il fit jour, on remarqua que le drapeau blanc à fleurs de lys qu'on voyait à la porte de la carserne d'infanterie avait été remplacé par une chemise souillée d'ordures. Le sergent qui s'en aperçut prévint l'officier de garde et on courut avertir le général Dumonceau. Il accourut en proie à une violente colère, saisit au collet le factionnaire et l'apostropha. Celui-ci ne cessait de répéter qu'il venait d'être mis en faction et qu'il n'avait rien vu mettre.

On obtint la même réponse de tous les factionnaires qui s'étaient succédé depuis la veille. La foule s'était ameutée devant la caserne, pendant que, sur l'ordre du général, et en présence de tous les officiers accourus, on descendait ce drapeau interlope ; et, comme on riait, le général Dumonceau fit sortir le poste et dégager les abords du quartier.

Il conféra ensuite avec les colonels des cuirassiers de Charleville et de l'infanterie de Mézières, en présence du préfet, et chaque colonel emporta une adresse à faire signer par tous les officiers de son régiment sans exception.

Voici celle du 8ᵉ cuirassiers :

A Son Excellence le ministre de la guerre.

« Monseignenr,

» Nous venous d'apprendre, sous le n° 86 du

Bulletin des lois, que les ennemis du repos de la France ont tenté d'envahir son territoire et de fomenter la guerre civile. En recevant notre étendard, nous avons juré fidélité au Roi, à l'honneur et à la patrie. Français et soldats, nous ne trahirons pas nos serments. Le Trône et la Charte constitutionnels seront notre point de ralliement ; nous sommes prêts à verser tout notre sang pour les défendre.

» Daignez, Monseigneur, mettre aux pieds de Sa Majesté l'hommage de notre respect, de notre fidélité inviolable, ainsi que de notre entier dévouement à sa personne sacrée et à son auguste famille. *(Signatures.)*

Une querelle s'éleva à propos de cette adresse, dans le café des officiers, à Charleville, entre un capitaine, M. de ***, parent de M. d'Argy, propriétaire à Tournes, et un autre capitaine du nom de Blanquart ou Blanchart. Le premier prétendait que son collègue avait, avec intention, signé illisiblement au pied de l'adresse. Des paroles violentes furent échangées et un duel proposé, mais le lieutenant général Dumonceau ne le permit point et cassa l'autorisation donnée primitivement par le colonel. Le comte de Bergendal n'agissait cependant qu'en qualité de commandant du territoire militaire de Mézières où le duel aurait eu lieu, car le 8e cuirassiers n'était que détaché dans les Ardennes et communiquait directement avec le ministre de la guerre. Autrement il en était du 22e de ligne, qui faisait partie intégrante des troupes de la 2e division militaire ; aussi, l'adresse de son corps d'officiers fut-elle envoyée au maréchal Victor, en son quartier général à Sedan. Le duc de Belluae ne fut point satisfait du ton de cette pièce et, quoique malade et courbé en deux par des douleurs de reins, il se jeta dans sa berline et accourut à Mézières pour juger par lui-même de l'état des esprits dans le régiment. Il reçut des troupes un accueil respectueux et obtint, non sans répugnance, ont raconté des contemporains bien informés, une adresse d'une rédaction toute différente de celle de la première et qui fut envoyée au roi **Louis XVIII**. Nous ne croyons pas devoir reproduire cette adresse, non plus que celle de la magistrature de Charleville. Le trait caractéristique de cette dernière, comme de la proclamation du préfet de Roussy, est l'affectation de l'autorité d'alors à refuser à *Buonaparte* le titre de Français.

Jusqu'à ce que parvienne à Mézières la nouvelle de l'entrée de Napoléon aux Tuileries, on voit le préfet des Ardennes s'occuper avec ardeur de la formation du corps des *gardes nationaux volontaires* autorisé par le décret du 10 mars. Les bureaux de la préfecture sont convertis en salles d'armes et d'équipement. L'uniforme n'est pas obligatoire, afin de n'écarter aucune bonne volonté ; la seule marque particulière à tous les *gardes nationaux volontaires* est que leur giberne est ornée d'une couronne flanquée de quatre fleurs de lys en cuivre. Magré les appels réitérés du tambour de rillle, qui bat constamment dans les rues comme au temps de *La patrie en danger*, peu de bons Français briguent l'honneur d'être armés chevaliers et embrassés par M. de Roussy. Deux Carolopolitains plus que sexagénaires s'enrôlent pour montrer le bon exemple et ne recrutent guère de disciples. Même insuccès quant à la formation du corps dit des *Gardes du roi*, dans lequel le gouvernement voulait faire entrer tous les officiers de l'ex-armée impériale auxquels il payait la demi solde et les anciens *Gardes d'honneur*.

Le 23 mars au matin, Mézières connaissait officiellement l'arrivée de Napoléon à Paris. La population resta calme, elle vit partir sans faire aucune démonstration le préfet de Roussy dont la chaise de poste se croisa, dit-on, sur la route de Rethel avec celle qui amenait le nouveau préfet de l'Empire, baron de Trémont. L'infanterie montra une joie bruyante ; les cuirassiers de Charleville furent plus réservés, ce qui ne les empêcha pas de se faire hacher plus tard à Waterloo, dans le chemin creux d'Ohain. Huit officiers démissionnèrent par lettre et quittèrent le régiment sans faire d'adieux. La plupart furent replacés, après la chute de Napoléon, dans les gardes-du-corps et la garde royale. Le lieutenant-général Dumonceau prononça, en distribuant aux troupes les cocardes tricolores, un discours très ronflant qui fit hausser les épaules aux gens sensés témoins de la scène récente du pseudo-drapeau blanc. Ce général fit cependant, paraît-il, un bon service pendant les cent ours.

Cependant le retour de Napoléon, en déchaînant contre la France la fureur des coalisés, devait amener dans le département des Ardennes, voisin de la frontière, d'importantes concentrations de troupes. Le 3e corps de la nouvelle armée impériale fut formé tout entier dans les deux places de Sedan et Mézières, et placé sous le commandement d'une illustration militaire de l'epoque, le général Vandamme. D'une bravoure incontestable sur le champ de bataille, il laissa dans les salons des deux villes où il tînt à se présenter une réputation inouïe de sans-gêne et de grossièreté. Mis à la porte des Tuileries en 1814 par les gardes du corps, il avait conservé contre les Bourbons une haine implacable qui se traduisait à chaque instant et de la façon la plus inconvenante. C'est ainsi que, se trouvant un jour en visite chez le président du tribunal civil de Charleville et en présence de dames et de jeunes filles, il s'écria : « Louis XVIII, si je le tenais, je lui arracherais, etc. Le duc de Berry, je lui f... mon pied, etc. etc. » Bref il n'était point de prince de la maison royale qui eût pu conserver l'intégrité de sa personne s'il fût tombé au pouvoir du général Vandamme.

Dans le courant de mai, arriva à Mézières la 11e division d'infanterie formée à Sedan par le général Lemoine. Elle devait se porter sur Longwy ; son passage à Charleville fut signalé par des scènes déchirantes. Presque la totalité des deux dernières classes de Charleville et de Mézières en faisaient partie ; des mères se précipitaient dans les rangs en sanglottant au cou de leurs fils, et les officiers ne savaient plus comment maintenir l'ordre de marche. Le nom de Napoléon était maudit hautement ; cette journée fit une pénible impression sur les habitants. Bientôt l'armée française entra en Belgique et les garnisons des places frontières furent réduites à leur plus simple expression. Il ne resta à Mézières, en fait de troupe régulière, qu'une compagnie du 22ᵉ de ligne qui se mutina pour rejoindre l'armée et, à un moment, refusa le service de la place. Le commandant Traullé-Poupart accourut à la caserne d'infanterie avec les gendarmes, seule force armée qu'il eût à sa disposition. Il harangua les soldats, leur affirma que, si leur insubordination n'avait eu sa source dans l'emportement de leur patriotisme, il les aurait fait fusiller jusqu'au dernier ; puis, en proie à une vive émotion, il ne put s'empêcher de dire que, trop tôt peut-être, leur courage serait mis à l'épreuve pour la défense de la place. Les soldats, électrisés, applaudirent et reprirent sur le champ leur service. Le commandant Traullé (1) sortit les larmes aux yeux et reçut bientôt après les félicitations des notables de Mézières.

Au commencement de juin, le commandement

---

(1) Officier aussi instruit que brave, le commandant Traullé-Poupart était amputé du bras droit. Passionné pour la musique, il jouait du violoncelle avec talent et tenait son archet au moyen d'un appareil fabriqué par Maëtzel, inventeur du métronome.

supérieur de la place fut donné au chevalier Lemoine, que nous avons vu tout à l'heure se dirigeant vers la frontière à la tête de la 11e division d'infanterie. Voici la raison de son changement de fonctions. Son supérieur, le général Vandamme, avait usé, en plein pays français, du droit de réquisition, avec une rigueur excusable au plus en pays conquis. Les autorités locales en avaient porté plainte au préfet de l'Aisne, et le lieutenant-général Lemoine n'avait pas caché sa désapprobation. Vandamme qui, en 1814, pris par les Russes, s'était entendu reprocher certains actes par l'empereur Alexandre lui-même, était demeuré chatouilleux à l'excès quant à l'appréciation de sa conduite. Il eut avec le général Lemoine et en présence des troupes une violente altercation; en toute autre circonstance, et si l'on n'eût été presque en face de l'ennemi, le divisionnaire eût demandé à être relevé de ses fonctions, mais le commandant en chef, ne pouvant plus le souffrir, le fit envoyer à Mézières.

Les Macériens virent donc arriver le 11 juin un officier général d'une courtoisie et d'une tenue parfaites. Provenant d'une famille aisée, le chevalier Lemoine avait pu acquérir une instruction qui fit défaut malheureusement à la plupart des généraux de l'Empire; il eut, ainsi qu'on le verra plus tard, les meilleurs rapports avec les habitants et sut concilier les principes de l'humanité envers la population civile avec une rigueur inflexible dans la défense de la place qui lui avait été confiée.

Vers le même moment, Mézières reçut deux bataillons de gardes nationaux mobilisés de la Meuse et autant de mobilisés des Ardennes, mais ces derniers furent bientôt envoyés à Givet. Les officiers et sous-officiers de la Meuse, tous retraités ou empruntés à l'armée active, étaient animés d'un esprit très belliqueux, mais il n'en était pas de même de leurs hommes, pour la plupart ayant acheté plusieurs fois des remplaçants et se croyant des droits à rester dans leurs foyers. Beaucoup étaient même mariés, et on en comptait un certain nombre qui avaient été réformés deux ou trois fois par les conseils de révision pour infirmités ou défaut de constitution. Ces hommes découragés remplissaient les estaminets de Mézières et de Charleville, maugréant et déblatérant contre l'*ogre de Corse*, tant et si bien que le commandant supérieur interdit l'entrée de Charleville à la garnison. La population civile écoutait en silence leurs amères réclamations et attendait les événements avec patience et sang froid.

La nouvelle des premiers succès de l'armée française sur la Sambre et Ligny releva un peu les courages, mais le samedi 20 juin, arrivèrent à Charleville des fuyards et des blessés de Waterloo ou plutôt de Mont-Saint Jean, car les militaires de l'époque n'ont jamais baptisé autrement la dernière bataille de Napoléon. Ces malheureux donnaient les plus tristes nouvelles, et l'autorité militaire ne savait que répondre aux interrogations haletantes d'une population émue et surexcitée qui voyait déjà l'ennemi autour de la ville. Le *Journal et feuille d'annonces du département des Ardennes* écrit, à la date du 22 juin : « Nous apprenons par le récit des blessés qui passent dans nos murs qu'une bataille des plus sanglantes a été livrée près de la forêt de Soignes, entre Jemmappes et Bruxelles. N'ayant pu recueillir de renseignements exacts sur cette affaire, nous attendrons, pour en rendre compte, le rapport officiel qui en sera fait. Nous pouvons assurer, au surplus, quels que soient les bruits semés par la malveillance, que ce département jouit de la plus parfaite tranquillité, et que, jusqu'à ce jour, l'ennemi ne l'a entamé sur aucun point. »

L'autorité supérieure eût pu, cependant, en dire davantage. L'empereur était entré le 20, à deux heures du matin, à Mézières. Il avait traversé le département des Ardennes, en berline et sans escorte, ne s'arrêtant que la nuit, évitant de relayer dans les endroits populeux et repoussant toute démonstration des fonctionnaires qui auraient pu le faire reconnaître. Son abattement était profond, il sanglottait au fond de la voiture et ne sortait de son désespoir que pour demander au postillon où on était et lui reprocher sa lenteur. Plus ouvertement était arrivé à Mézières le maréchal Ney. Il avait réuni à la préfecture les autorités civiles et militaires, leur avait conté ses efforts surhumains, à Mont Saint-Jean ; puis, emporté par son bouillant caractère, il jetait son chapeau sur le plancher, outrageait Louis XVIII, blâmait Napoléon, se plaignait des généraux et, au dire de témoins, ressemblait à une bête furieuse plutôt qu'à un homme.

« La tête de Grouchy ! s'écriait-il la bouche écumante, la tête de Grouchy ! il la faut à la France ! Il n'a pas marché ! Il n'a pas voulu marcher au canon ! Gérard me l'a dit ! L'empereur a été brave, s.... n.. d.. D.... ! mais il avait ses hémorrhoïdes ! Il a dû visiter les avant-postes en voiture !.... » Puis il se sépara brusquement de ses auditeurs dans la cour de la préfecture et monta en jurant dans la chaise de poste qui l'attendait à la grille. Arrivé sans argent, il avait emprunté mille écus à M. Cellier, directeur des domaines et de l'enregistrement, pour payer sa voiture et continuer son voyage jusqu'à Paris.

Le télégraphe avait annoncé le désistement de Napoléon en faveur de son fils, mais sans indiquer si les Chambres acceptaient ; puis il reste immobile pendant plusieurs jours et le seul signe de vie de Paris consiste en une dépêche à tous les commandants de places fortes : « La guerre est déclarée nationale. Défendez-vous. »

De graves devoirs incombaient au général Lemoine.

La citadelle renfermait, en fait de vivres, de quoi nourrir pendant six mois une garnison de 5,000 hommes avec les habitants ; 60 bouches à feu, tant canons de 24 qu'obusiers et mortiers, étaient en position, et le commandant jugeait insuffisant cet armement qui, si nos renseignements sont exacts était du double d'importance en 1870. Les poudreries n'avaient pas travaillé depuis 1814 ; il n'y avait en magasin que 29,000 kilogrammes de poudre. Quant à la garnison, on a vu plus haut le peu de cas qu'il fallait faire des sept ou huit cents mobilisés de la Meuse ; à côté de la compagnie du 22ᵉ étaient venus se ranger des débris de Waterloo, et avec tous les isolés et les blessés qui se rétablissaient, on avait formé un bataillon sous les ordres du major Baudin. La garde nationale de Mézières, commandant Marion, comptait environ 400 fusiliers, pompiers et artilleurs. Quatre brigades de gendarmerie repliées sur le chef-lieu formaient toute la cavalerie commandée par le capitaine Cachera. C'était peu pour la défense d'une place de l'importance de Mézières. Le général Lemoine s'adressa au directeur des douanes de Charleville, M. Gallien, et lui demanda ses préposés, pour la plupart vieux soldats. Le directeur eut souhaité pouvoir exempter les pères de famille les plus chargés d'enfants ; aucun ne voulut y consentir, et plusieurs firent même enrôler comme tambours leurs jeunes garçons âgés de treize à quinze ans. Les douaniers, organisés en une légion forte de près de 400 hommes, avaient leurs officiers tout trouvés dans leurs capitaines et lieutenants du service actif ; le service sédentaire fournit les comptables et M. l'inspecteur Coblence fut placé à la tête de la légion avec le grade de major. L'ennemi apprit à connaître pendant le siège la solidité de ces braves qu'on vit toujours au premier rang, le chapeau à cornes sur l'oreille, le sac de toile sur la capote verte et le pantalon dans les guêtres.

Le général Lemoine n'admettait pas que la garde nationale de Charleville, récemment réorganisée par le général en retraite baron de La Planche, dût faire autre chose qu'un service d'ordre et de police, et il en réclamait, pour renforcer la garnison de Mézières, la portion la plus active et la plus valide. Une correspondance assez intéressante a été échangée, à ce sujet, entre le commandant supérieur de Mézières et le maire de Charleville, que le général de La Planche s'efforçait de convertir à son idée de défendre la ville à outrance. La municipalité céda au général Lemoine ; tous les canonniers carolopolitains furent envoyés à Mézières, et il en fut de même de la compagnie dite *la Jeunesse de Charleville*, commandée par le capitaine Aubry, et des ouvriers de la manufacture d'armes dont tous les produits furent transférés à l'arsenal.

Satisfait de ce résultat, le chevalier Lemoine s'occupa de renforcer dans leur service d'éclaireurs les gendarmes dont les chevaux étaient fourbus. Des habitants riches des deux villes fournirent volontairement quatre-vingt-cinq chevaux qui servirent à remonter les gendarmes, les douaniers qui avaient servi dans la cavalerie et les échappés de Waterloo. Il les divisa en plusieurs pelotons et les lança à la découverte dans différentes directions. Un de ces détachements, fort de cinquante hommes, commandé par le capitaine de gendarmerie Cachera, étant allé du côté de Sedan, fut chargé à l'improviste par un parti de *hussards de la mort* prussiens qui s'étaient cachés dans le village de Fresnois. La promptitude de l'attaque fit que la colonne française fut coupée en deux tronçons dont un, capitaine en tête, arriva au triple galop sur le pont de Torcy et faillit être mitraillé par les canonniers de Sedan, et l'autre se replia à toute vitesse sur Mézières, où, pendant quelques heures, l'alarme fut vive.

Le samedi, 24 juin, des paysans qui venaient vendre des denrées assurèrent que l'armée prussieene était devant Sedan, et la générale fut battue jusque dans Charleville. La garnison de Mézières fut répartie dans ses postes de combat, mais l'ennemi ne parut pas.

Le lendemain, dimanche, les personnes qui allaient à la première messe à Charleville, entendirent le canon du côté de Sedan, d'où venait le vent, et entrèrent tout effarées à l'église, où le prêtre qui allait monter à l'autel se retourna vers les fidèles et, loin de les rassurer, leur prédit les maux les plus épouvantables jusqu'à ce que la France fût replacée sous le sceptre de son souverain légitime. Cet incident, qui se répandit de suite dans tout Charleville, fut bientôt connu à Mézières, et le préfet envoya M. Habart, sécrétaire général, demander des explications au curé de Charleville. Celui-ci s'excusa et répondit que ce prêtre n'appartenait pas au clergé paroissial, mais était seulement de passage et venait même de se sauver pour échapper aux mauvais traitements dont l'avaient menacé plusieurs habitants.

Le canon de Sedan s'entendit jusqu'à midi ; on

distinguait parfaitement par leur rondeur les grosses pièces de la ville d'avec les pièces de campagne des assiégeants. Les journées des 26 et 27 se passèrent sans incident, et le 28, vers dix heures du matin, les officiers postés à l'observatoire sur la tour de l'église, aperçurent l'ennemi convergeant par différentes routes vers Mézières. C'était une partie de l'armée du Nord de l'Allemagne, commandée par le général Hake et rendue libre par la capitulation de Sedan dont la garnison s'était retirée dans le château. Pour la génération actuelle, ce sont les Prussiens qui ont assiégé Mézières ; la vérité est que, l'armée ennemie comptant autant de Hessois et de Saxons que de Prussiens, le général en chef, prussien de naissance, a ménagé tant qu'il a pu ses compatriotes au détriment des autres confédérés. 1870 nous offre pareil exemple.

De la citadelle d'où l'on suivait parfaitement les mouvements de l'ennemi, on croyait remarquer une intention évidente de sa part d'attaquer la lunette de Berthaucourt, et on s'en étonnait, car cet ouvrage, fût-il pris, n'eût pu rester occupé, battu qu'il est par la citadelle, pour la sûreté de laquelle il n'est que de peu d'importance. Mais tel n'était pas le but de l'ennemi qui cherchait simplement le meilleur moyen d'entrer dans Charleville, qui venait de refuser de le recevoir. Voyant que le feu de la redoute les gênerait de ce côté, les Allemands se retirèrent par un long circuit, sans s'inquiéter des coups de feu que leur tiraient inutile-

ment les gardes nationaux du poste avancé établi
sur le Mont-Olympe.

Ainsi que l'avait toujours dit le baron de La Planche, l'ennemi choisirait pour attaquer Charleville,
les points les plus à l'abri du canon de Mézières,
et en conséquence, le général avait fait protéger la
porte de Flandres par un fossé et des palissades,
jeté des tirailleurs dans les jardins et fait dresser
une barricade avec des voitures chargées de pierres
à la barrière du Port.

Le jeudi, 29, à deux heures de l'après-midi, une
forte colonne d'infanterie saxonne, avec drapeau
vert et blanc, accompagnée de quelques escadrons
de dragons bleus et d'une batterie de quatre pièces
légères, descendit de Saint-Maur sur Charleville.
La grosse artillerie de la citadelle tira sur ces troupes, quand elles se déployèrent à portée, pendant
que la générale battait dans Charleville et qu'on
sonnait le tocsin. Le général de La Planche, très
excité, en grande tenue et ganté de blanc, parcou-
rait les rues, l'épée à la main, et appelait les gardes
nationaux à leurs postes. Il croyait d'abord que
l'ennemi ne s'attaquait qu'à la porte de Flandre, où
les tirailleurs de la garde nationale, abrités derrière
les murs des jardins de droite, avaient les premiers ouvert le feu, mais on vint le prévenir que
la barrière du port était également menacée, et il
se partagea tant qu'il put entre ces deux points.
Les tirailleurs ennemis, obligés de se présenter à
découvert, se replièrent bientôt à deux cents
mètres environ de la porte de Flandre, une colonne

se forma et marcha de nouveau sur la porte au son des fifres et des tambours, mais dût reculer. Ce fut seulement alors qu'ils employèrent le canon ; les obus, éclatant dans les jardins, firent déguerpir les gardes nationaux et l'ennemi s'avança au pas de charge ; des sapeurs abattirent les palissades, les jetant dans le fossé afin de le combler et de permettre le passage de leur artillerie. A l'aspect des fuyards de la porte de Flandre, ceux qui tenaient à la barrière du port lâchèrent pied, le général de La Planche avait pris un fusil qu'il déchargea sur les premiers dragons qui franchirent la barrière. Il fut pris, battu à coups de plat de sabre, on lui arracha et on lui vola ses épaulettes et ses décorations. Derrière les dragons qui suivaient au galop le bord de la Meuse, venaient deux pièces qui s'arrêtèrent devant les Moulins et furent braquées sur la place Ducale, pleine de bourgeois plus curieux que belliqueux. Deux coups à mitraille furent tirés sur cette foule et jetèrent sur le sol une trentaine de personnes et d'enfants. Malgré le sauve qui peut général, deux gardes nationaux, les sieurs Delahaut et Scaillette, ce dernier ouvrier de la manufacture d'armes, se tinrent chacun derrière un pilier des arcades avec des cartouches dans leur poche et tirèrent sur les premiers Saxons qui se montrèrent sur la place. La rapidité (relative) de leur tir intimida cependant quelques minutes les assaillants, enfin ceux-ci firent irruption sur la place déserte, la baïonnette en avant et furent plus que surpris de voir qu'ils avaient affaire à deux hommes. Delahaut se rendit en mettant son shako au bout de son fusil. Scaillette tint bon avec sa baïonnette, les officiers ennemis ayant ordonné de ne pas le tuer, mais il reçut à la fin un coup de sabre sur la tête, en réponse à un coup de baïonnette qu'il avait porté dans la cuisse d'un officier. On l'emporta à l'hôpital et il revint de sa blessure.

Le général Hake montra à l'égard de Charleville une cruelle sévérité. Au conseil municipal, il déclara que la ville mériterait d'être brûlée et la frappa d'une contribution en nature et en argent, évaluée à près de deux cent mille francs. La bravoure téméraire de la garde nationale ne trouva aucune grâce auprès de lui. Il voulait voir les contrôles de la milice citoyenne et la faire décimer, mais le maire s'y refusa, et il ne put ramasser que des shakos et des fusils dont les gardes nationaux avait rempli les rues, de peur que ces objets ne les trahissent si on perquisitionnait chez eux. Le général de La Planche et les principaux officiers furent conduits à Luxembourg et emprisonnés pendant plus de deux mois. De plus, dans le pillage de deux heures qui fut accordé aux troupes allemandes, on s'attacha de préférence à dévaliser les maisons de ces braves combattants et celle du directeur des douanes, M. Gallien, qui était entré dans Mézières avec ses préposés. Les Prussiens sont toujours les mêmes.

On a beaucoup parlé jadis de pertes considérables subies par l'ennemi pendant l'attaque. Il nous serait impossible d'en préciser l'importance ; nous n'avons comme positive que la mort d'un

major de dragons, tué d'une balle partie d'un sou-
pirail de cave, auprès de l'église. Quoiqu'il en
soit, et n'en déplaise à ceux qui refusent à des
bourgeois le titre de belligérants, cette tentative
de défense est tout à l'honneur des habitants de
Charleville.

Dès les premiers coups de feu, la municipalité
avait décidé d'envoyer une missive au général de
Mézières pour demander du secours. Me Descar-
reaux, avocat près le tribunal civil de Charleville,
avait d'abord été chargé de la porter et d'en appuyer le
contenu ; mais, sur le bruit qu'un de ses proches
venait d'être tué à la porte de Flandre, le mandat
fut confié à M. Laloyaux. Celui-ci s'avança donc
sur le pont, agitant son chapeau et son mouchoir
et interpellant les douaniers de l'avancée qui,
déjà, le couchaient en joue. Toutes les troupes de
la garnison étaient à leur poste sur les remparts
et les habitants étaient aux lucarnes des greniers
ou sur les toits pour mieux suivre la lutte. Introduit dans la place, M. Laloyaux, qui n'avait aucune
raison de cacher le motif de sa venue, fut entouré
par beaucoup de ses concitoyens employés à la
défense, et une suite nombreuse l'accompagna jusqu'à la citadelle, demandant à grands cris qu'on
secourût Charleville. Quoiqu'on ait prétendu le
contraire, M. de Jaubert, maire de Mézières,
approuva cette démonstration et entra chez le
général avec l'envoyé de la cité sœur. « Ah !
Messieurs, s'écria avec émotion le chevalier Lemoine, croyez bien que mon cœur saigne de ne

pouvoir donner assistance à la brave ville qui m'a
envoyé ses plus valeureux enfants, mais songez
que, même avec le concours des volontaires de
Charleville, je n'ai pas les forces strictement
nécessaires pour défendre la place qui m'est confiée. Songez que mon intervention n'aboutirait pas
à sauver la ville, mais me priverait d'auxiliaires
précieux et indispensables et ne servirait, en excitant davantage la colère de l'ennemi, qu'à attirer
sur la population civile un surcroît de calamités! »

Le général étant demeuré inébranlable, une agitation des plus graves s'empara des habitants et
de la partie carolopolitaine de la garnison. Un coup
de canon fût même tiré sans ordre sur des tirailleurs saxons qu'on voyait ramper dans les jardins
situés à gauche derrière les maisons qui bordent
les *Allées*. Les jeunes gens de la compagnie des
volontaires, qui occupaient la porte qu'on a démo-
lie il y a une vingtaine d'années, cherchaient déjà
à traverser le fossé avec armes et bagages pour
courir à la défense de leurs parents et de leurs
propriétés. Un officier supérieur de l'infanterie de
ligne ayant blâmé tout haut la résistance dans les
villes ouvertes et donné à entendre que Charleville mériterait une exécution militaire, faillit être
tué, sans l'intervention d'un lieutenant de douanes
qui se jeta sur lui, le couvrit de son corps et
remontra aux mutins que lui-même avait laissé
sans défense dans la ville sa femme et ses enfants.
A ces scènes tumultueuses le général répondit
par l'ordre du jour suivant où, sans faire allusion

à la prise de Charleville, il rappelait à la garnison le but unique dont elle ne devait point dévier :

Au quartier général à Mézières

Soldats !

La place confiée à notre défense est investie de toutes parts. L'ennemi couronne ses hauteurs. Que son approche, loin de nous intimider, redouble notre ardeur, excite notre gloire. Dans cette circonstance, chacun doit rivaliser, chacun doit prouver que la valeur française ne se démentira jamais, surtout lorsqu'il s'agit de servir sa patrie. Sachons, par une défense vigoureuse et opiniâtre, mériter ses bienfaits et sa reconnaissance.

Et vous, épouses des nobles défenseurs de cette place, demeurez calmes et paisibles dans vos foyers avec vos enfants. Nous voulons sauver vos propriétés ; nous voulons vous mettre à l'abri des outrages ; nous voulons vous garantir des affreux résultats d'une invasion de sa part ; nous voulons, en un mot, remettre cette place intacte au *gouvernement français*.

Le courage et le bon esprit des habitants de cette ville et des militaires de la garnison me sont assez connus pour être persuadé qu'il ne me sera pas difficile d'atteindre mon but ; mais si, contre mon attente, des malveillants, quels qu'ils puissent être, cherchaient, par des discours, à décourager le soldat ; s'il s'en trouvait même d'assez osés pour faire pressentir qu'il faille rendre la place, ils seront à l'instant arrêtés et chassés de la ville.

Le présent ordre sera lu demain matin, à la tête de chaque compagnie ; il sera imprimé, publié et affiché par les soins de la mairie de cette commune.

Le lieutenant-général, commandant supérieur de la place en état de siége,

Signé : LEMOINE.

Sur le soir, la pluie tomba avec abondance, et la nuit durant, on vit Charleville éclairé par les feux des bivouacs établis par l'ennemi sur les places publiques. Les soldats s'étaient emparés de tous les objets mobiliers à leur convenance pour établir leurs lits ou faire leur cuisine en plein air, et la municipalité ayant fait observer au général allemand qu'il serait préférable, dans l'intérêt des bourgeois comme des militaires, que le mobilier fût laissé dans les maisons, cet officier répondit que les habitants lui paraissaient capables d'assassiner lâchement les soldats couchés chez eux. L'aspect de leur ville livrée au pillage, retentissant de chansons barbares et illuminée comme d'un reflet d'incendie n'était point fait pour ramener le calme chez les mécontents de la garnison et le lendemain matin, on trouva affichés contre la préfecture et contre la *Porte noire*, des placards provoquant à l'assassinat du général Lemoine « ce lâche indigne de l'épaulette » et à son remplacement par le commandant Traullé qui, d'après le libelle, reprendrait sur le champ Charleville. Instruit de ces faits, le brave commandant d'armes fut trouver le commandant supérieur et le supplia de mettre à l'ordre du jour une revue de toutes les troupes de la garnison devant lesquelles il protesterait de son entier dévouement et de son obéissance absolue aux ordres du général Lemoine. Celui ne voulut point y consentir et s'opposa même à ce qu'on cherchât à connaître les auteurs du placard : peu à peu, l'agitation s'éteignit d'elle-même.

Cependant, les parents et amis des gardes nationaux renfermés dans Mézières se rendirent bientôt compte de l'inquiétude que ceux-ci devaient éprouver. Journellement de nombreuses personnes venaient dans les jardins ou les maisons de Charleville qui regardent les remparts et échangeaient des correspondances à l'aide de lunettes d'approche et de signaux. Les Allemands s'en aperçurent et posèrent des sentinelles avec ordre d'empêcher toute communication. Un jour, Mme Badré, femme d'un défenseur de Mézières, se trouvant à une fenêtre, reconnut son mari sur le rempart. Elle lui fit signe avec un mouchoir et ayant constaté que le signal avait été aperçu, prit son enfant dans ses bras et le montra à son père, lorsqu'un chasseur hessois lui envoya sans la prévenir une balle qui lui enleva le bout de l'oreille.

Les quinze premiers jours du blocus ne sont marqués que par des fusillades d'avant-postes sur toute l'étendue de la place, moins cependant du côté de Charleville. Deux vedettes à cheval étaient ordinairement placées à l'entrée des *Allées*. On remarqua un matin qu'un officier ennemi paraissant d'un grade élevé, le panache au chapeau, était arrêté devant la première maison à droite des *Allées* et examinait la place avec une lunette d'approche qu'il avait posée sur l'épaule d'un soldat. Cette attitude piqua d'amour-propre les canonniers du bastion correspondant, et, de l'agrément du général Lemoine, le même boulet emporta l'observateur et son support. Ce coup double fut le chef-d'œuvre du canonnier Pardaillan.

Le général Lemoine évita toujours de faire tirer sur Charleville, si ce n'est cependant sur la manufacture d'armes, où s'était logé l'état-major du général Egblofstein. Un obus tomba un soir dans la salle à manger ; il éclata sans résultat, tous les officiers prussiens s'étant couchés à terre.

Il fallait entendre conter à M. Chabot, (1) adjudant à la légion des douanes, l'arrivée du premier parlementaire. Il fut signalé au *Pont d'Arches* ; c'était un jeune et élégant capitaine de l'armée prussienne, paraissant de la plus joyeuse humeur. Dès qu'il eut les yeux bandés, il prit le bras de l'officier des gardes nationaux de la Meuse, chargé de le conduire et le fit marcher plus vite que ce dernier, affligé d'un embompoint précoce, ne le souhaitait certainement. Beaucoup de curieux les escortaient ; il faisait tournoyer avec complaisance

____

(1) J. N. Chabot était encore en 1863, receveur principal des domaines à Sedan.

les glands d'argent de son écharpe neuve.! Ayant entendu rire des fillettes, il se tourna de leur côté et leur dit : « Mestemoiselles pien chentil, ché né les fois pas, mais ché lés sens » ce qui fit redoubler l'hilarité. Ce gai messager venait, au nom du général Hake, commandant en chef l'armée du Nord de l'Allemagne et dont le quartier général était à Sedan, informer le commandant supérieur de Mézières que le roi Louis XVIII était remonté sur son trône, que l'armée impériale avait été envoyée derrière la Loire, où toutes les garnisons des places fortes devaient aller la rejoindre. En conséquence, l'officier demandait la remise immédiate de la ville et de la forteresse. Le général Lemoine répondit qu'il remettrait la place aux envoyés d'un gouvernement régulièrement établi, mais non à un général ennemi ayant déjà fait acte d'hostilité contre la ville. Le parlementaire dit que le roi de Prusse, son maître, étant le frère et l'allié du roi de France, pouvait lui être substitué pour la réception de la ville de Mézières. Le général protesta énergiquement contre cette qualité d'allié si blessante pour un soldat français et lui répondit sèchement qu'il allait le faire reconduire, ce qui fut fait sur le champ.

S'imaginant que le général Lemoine ne croyait pas à la restauration du Roi de France, les Prussiens prirent soin de faire hisser des drapeaux blancs aux mairies et aux clochers de tous les villages aperçus de Mézières, où le drapeau tricolore flottait toujours en haut de la citadelle. N'y

gagnant rien, ils favorisent l'entrée dans Mézières
des personnes qui peuvent y porter des nouvelles,
et laissent passer la malle-poste ; mais un jour,
l'escorte des visiteurs s'étant avancée trop près
des ouvrages extérieurs du *Pont de Pierre*, essuie
des coups de fusil, et l'aide-de-camp du général
Eglofstein (1) ne croit pouvoir mieux faire pour
sa conservation que de pousser devant lui deux
dames qu'il accompagnait. Ce fait nous a été at-
testé maintes fois par Mme Lamotte-Gautier, tante
de M. le Dr. Toussaint, actuellement résidant à
Mézières, et nous en trouvons avec détails la con-
firmation dans le manuscrit de notre ancienne connaissance François-Victor B***. L'ex-lieutenant
amputé nous apprend qu'il a repris du service en
juin 1815. Nommé avec son grade dans le 5e bataillon des mobilisés de la Meuse, il a été empêché
par les fièvres de partir avec sa troupe pour Mézières. Aussitôt rétabli, il part le vendredi 30 juin
pour occuper son poste, mais ne peut dépasser
Flize. Après un séjour de deux semaines chez son
ami et client Genessaux, greffier de la justice de
paix du canton, il apprend que l'ennemi laisse
ouverte la route de Mézières et se joint à plusieurs
personnes qui vont y voir leur famille «.....Il était
clair que les Prussiens ne sauraient approcher
si près et en armes du retranchement, aussi les

____

(1) Le général Eglofstein, commanda d'abord les troupes de siège jusqu'à ce que le général en chef Hake prit
lui-même la conduite des opérations.

a-t-on salués et n'ont-ils pas demandé qu'ou répète la politesse, mais le plus beau, c'est l'aide-de-camp qui se fourrait dans les jupons des femmes et s'est sauvé comme un peteux (sic) ». Mis en possession de son grade, le lieutenant B*** se plaint amèrement de l'esprit de ses hommes. « Ils ne parlent que de leurs mamans ou de leurs bourgeoises ; ils ne pensent qu'à leurs biens ou à leur commerce. »

Le courrier de la malle entré le 17 juillet dans Mézières avait apporté un *Moniteur* publiant la soumission de l'armée de la Loire et différents actes de la Royauté. Bien qu'il n'y fût question en aucune façon de l'attitude à prendre par les commandants des places assiégées, le général Lemoine ne crut pas devoir hésiter à faire arborer le drapeau blanc et reprendre la cocarde blanche, insignes du seul gouvernement reconnu en France depuis le départ de l'empereur, et cette détermination ne saurait être considérée comme une flatterie de la part d'un officier que les Bourbons avaient tenu en suspicion en 1814 et interné à six lieues de Paris avec un traitement de demi solde.

Quoiqu'il en soit, la substitution du drapeau blanc opérée dans la matinée du 18 juillet à la mairie, à l'église et à la citadelle, avant la distribution des cocardes à la garnison, causa dans celle-ci une exaspération violente qui se communiqua bientôt à la population civile. Un capitaine commandant une compagnie d'échappés de Waterloo affirma sur la place de la préfecture que

Louis XVIII avait accepté le drapeau tricolore, et que le drapeau blanc n'était que le drapeau de la capitulation, le drapeau des lâches. Un frémissement de colère courut par tout Mézières ; deux officiers des mobilisés trop prompts à arborer la nouvelle cocarde furent battus et jetés dans le fossé, tandis que des soldats de la ligne renversaient le drapeau de la mairie et montaient au clocher pour replacer le drapeau tricolore. Ecoutons notre narrateur : « On a eu des troubles à l'occasion du retour *du divin drapeau de la pâle couleur* (sic). Les gardes nationaux sont partagés, comme les bourgeois ; les *gabelous* ne disent rien, mais les troupiers n'en veulent pas plus que de la *drogue* sur le nez. Ma compagnie a pourtant empêché que les grenadiers n'entrent abattre celui de la citadelle, mais celui de la commune a été déchiré, et les gendarmes se sont battus dans le clocher, sur les échelles, avec ceux qui avaient replanté notre bon vieux drapeau aimé. »

Dès le premier mouvement, le général Lemoine avait réuni le conseil de défense et il se trouva qu'aucun des chefs de service n'avait encore abandonné la cocarde tricolore. D'un ton plein de fermeté, le commandant supérieur leur dit qu'une telle mauvaise volonté était plus que suffisante pour encourager les troupes dans leur rébellion et déclara qu'il entendait que la cocarde blanche apparût le jour même à leurs coiffures. Comme on ne savait où s'en procurer, ce fut la femme d'un garde du génie qui en tailla dans des mouchoirs de poche. De plus, le général exigea que tout l'état-major l'accompagnât dans la tournée qu'il allait faire sur les remparts et par la ville. Un seul officier avait d'abord résisté, dont l'avancement avait été arrêté sous l'Empire, à cause de ses opinions républicaines, c'était le colonel Griois, chef de l'artillerie. Il arbora la cocarde blanche en pleurant de rage. Devant l'exemple des chefs, la garnison céda. Notre lieutenant écrit, à la date du 24 juillet : « La reprise du *divin drapeau* porte ses fruits ; trente-huit hommes de mon bataillon ont déserté et je réponds que trois fois autant seraient prêts à le faire, si on leur en donnait la facile occasion. » En effet, la désertion prenait de rapides proportions dans les bataillons de la Meuse, si bien qu'on n'osait plus les employer aux avant-postes que mélangés à deux portions aux moins égales de douaniers et de soldats de la ligne, les officiers supérieurs de toutes les armes témoignaient aussi du mécontentement ; ils dirent un jour, dans une séance du conseil de défense, qu'on avait peut être quitté trop tôt un drapeau accepté par tout le monde et qui servait de lien à la garnison, pour prendre les couleurs d'un Roi dont on ne recevait aucun ordre et qui semblait singulièrement indifférent. Le général Lemoine répondit d'abord au mécontentement général par des mesures de rigueur. Il fit mettre aux arrêts deux officiers d'état-major, MM. Marie et Villé qui encourageaient trop ostensiblement les murmures de l'opposition, mais l'état des esprits ne

s'améliora point, et la désertion continua. Dou-
loureusement alarmé, comprenant qu'on marchait
à la reddition d'une place qui ne pouvait espérer
aucun secours du dehors, le général pensa qu'il
opérerait une diversion salutaire en faisant des
sorties, et cette opinion reçut l'approbation unanime de tous les chefs de service.

Il lui importait d'ailleurs, puisqu'il voulait défendre la place, de connaître l'importance des
travaux de l'ennemi, travaux que, depuis une hui-
taine de jours, l'artillerie de la place n'avait cessé
de couvrir de ses projectiles. Les rapports de
l'ennemi accusent une perte de plus de deux cents
hommes dans l'espace de cinq jours, mais ils ne
disent pas qu'on avait forcé de venir travailler
aux tranchées des paysans de Lonny, Tournes et
Belval. Cette mesure odieuse avait amené une
émigration de tous les habitants mâles.

Voici un croquis sommaire des travaux d'inves-
tissement de l'ennemi. De l'entrée des *Allées* de
Charleville à *Tivoli*, un chemin couvert, et une forte
batterie à *Tivoli*. Une seconde près de la route de
Flandre, à 50 mètres en arrière de *Bellevue*. Une
troisième tout proche, à huit cents mètres de l'a-
vancée du pont d'*Arches*, et communication avec
Charleville, par un chemin couvert. Une quatrième
à droite du clocher de Mohon et une cinquième
qu'ils élevaient à l'abri d'une maison dite *Descar-
reaux*. J'en oubliais une sixième entre Charleville
et la route du *Moulin-à-Vent*. Enfin une septième
destinée à battre la lunette de Berlaucourt. Jus-

qu'au commencement d'août, où il reçut sa grosse
artillerie de siège, l'ennemi avait eu à ces batteries
une quarantaine de pièces de campagne. Mais là,
une explication est nécessaire. Pas plus alors
qu'aujourd'hui, les Prussiens n'aimaient les canons
de petit calibre ; ils employaient un calibre unique,
plus fort d'un cinquième environ que le calibre 12
qui, en 1870, était celui de notre réserve de campagne, et même employé dans les places. Le conseil de défense avait arrêté pour le 26 juillet deux
sorties simultanées, l'une sur Saint-Laurent, où
était le parc d'artillerie des Prussiens, l'autre sur
Mohon.

On peut se demander de quelle importance était
cette première sortie dont l'objectif était Saint-Laurent, village situé à une lieue, où, par conséquent,
on ne pouvait arriver sans mettre un certain temps
pendant lequel l'ennemi avait tout loisir de recevoir du renfort ou même de couper, sans crainte de
l'artillerie de la place, les assaillants trop aventu-
reux. Le général Lemoine s'étend peu d'ailleurs
sur la sortie de Saint-Laurent, et la cite pour mé-
moire (1). Cette sortie ne devait donner et n'a
donné aucun résultat pratique. Autrement il en fut
de celle de Mohon, dont voici la relation par le
lieutenant B***.

Mardi 25 juillet. — Une colonne d'infanterie
est sortie après la soupe du matin de la citadelle
sur Saint-Laurent. J'ai eu ma place dans une autre

(1) Rapport au ministre de la guerre.

que commandait M. Coblence, de la douane, et où
on a fait entrer deux cents volontaires des deux
bataillons de la Meuse avec des officiers imposés,
cinquante hommes des Charlevillois, deux compagnies de la ligne et deux des gabelous. Nous
avions avec cela un peloton de gabelous à cheval
et un de lanciers qui n'ont plus de lances, plus
deux pièces de quatre attelées, et en marche sur
Mohon, un village où on disait que l'ennemi nous
préparait des surprises. J'avais fait convention
avec mon sergent-major Collignon que, s'il y avait
des fossés à sauter, il m'avantagerait en me prenant par le fond de la culotte, ce qu'il a bien fallu
faire à cause du boyau que les Hessois avaient creusé
autour du village. Nos éclaireurs ayant signalé ce
boyau d'où les dits Hessois leur avaient tiré dessus en se cachant, M. Coblence a fait battre le
ralliement aux tirailleurs et a commandé : « A la
baïonnette ! A l'église ! » C'était là où on disait
qu'ils construisaient de nouvelles batteries. On
s'est bousculé un peu dans le boyau, mais le plus
chaud a été auprès de leurs canons auxquels ils
tenaient bon. Tandis que nous avions traversé une
partie du village sans résistance, là ils ne cédaient
point d'un pas. Les canonniers étaient prussiens,
mais l'infanterie était hessoise ; comme les canonniers n'avaient pas le temps de pointer leurs pièces dans notre direction qu'ils n'avaient pas pu
prévoir, il les ont défendues à coups de sabre et
de pistolet ; l'infanterie commençait déjà à monter
dans les maisons pour nous canarder, mais notre

aatillerie ayant joué et mis le feu après la plus haute maison de la place, ils se sont débandés et la cavalerie les a poursuivis. Tous les canonniers ont été tués ou faits prisonniers et on leur a encloué leurs huit canons et obusiers. Cette petite affaire-là m'a fait bien plaisir. »

Pendant toute la durée de l'action, le général Lemoine, à cheval et en petit uniforme, s'était tenu en réserve à trois cents mètres en dehors de la porte du *Pont de Pierre*, avec un bataillon composé de gardes nationaux sédentaires, de pompiers volontaires et de grenadiers de la ligne. Il courut au galop devant la colonne Coblence qui ramenait trente huit prisionniers, la plupart étudiants des universités allemandes, et félicita les combattants de leur bonne tenue au feu. Les pertes des Français s'étaient élevées à quarante hommes tués ou blessés.

Le succès de cette sortie produisit un grand effet sur la garnison et dans la population civile, dont les calamités allaient seulement commencer.

Onze chars de culture avaient été réquisitionnés aux Ayvelles pour transporter à Sedan les blessés hessois et prussiens. Un officier d'état-major les y avait devancés avec une lettre du général Eglofstein informant le général Hake de l'échec essuyé dans Mohon. Il ne put trouver à Sedan le commandant en chef qui était allé saluer à son passage à Mouzou une princesse de la famille royale de Prusse et le rencontra à Bazeilles. A cette nouvelle, le général prussien entra en fureur. Selon la générosité

habituelle à sa nation, il décide que la ville de Mézières payera pour sa garnison et y fait mener par
réquisition tous les mortiers disponibles de l'armement de la place de Sedan. La nuit durant, on tra-
vaille à les mettre en position, et, le 26 juillet, à
deux heures du matin, pendant que les habitants
dorment, une pluie de projectiles, volent par dessus les remparts, vient les frapper dans leurs lits.
Deux femmes sont tuées, un enfant est décapité
sous les yeux de sa mère, quatre soldats ou gardes nationaux sont tués, et une vingtaine de personnes tant civiles que militaires sont blessées. Si
l'ennemi a cru intimider la population et la pousser à se soulever contre le gouverneur, il s'est
complètement mépris. Les femmes placent dans les
rues des baquets et des tonneaux remplis d'eau
dans lequels s'éteindront les mèches des obus ;
les pompiers disposent leurs pompes dans les différents quartiers, d'où partent des chaînes de travailleurs de tout âge qui se prolongent jusqu'à la
Meuse ; vingt-sept incendies sont éteints à leur
naissance dans l'espace d'une matinée ; le général
Lemoine et les autorités municipales parcourent
la ville et encouragent les travailleurs ; malgré
les efforts des bourgeois et des militaires, une
maison brûle, et de suite les projectiles ennemis
redoublent dans sa direction. Mais il faut balancer
cette victoire trop facile ; à onze heures du matin
les remparts s'illuminent et répondent aux batteries ennemies. Une poudrière saute à Tivoli aux
applaudissements de toute la ville ; l'artillerie prus-

sienne accepte le duel et une canonnade bien nour-
rie s'échange entre les deux partis, laissant un peu
de répit à la ville. Le feu cesse des deux côtés à
six heures du soir ; l'ennemi à deux batteries démontées et la garnison n'en peut plus, les canons
brûlants, ne peuvent plus tirer : ivresse indicible!
Mézières ne se rendra pas !

Ecoutons notre lieutenant : « Toute la nuit, l'ennemi a tenu des pots-à-feu allumés dans ses travaux
et, avant le jour, il a cassé les pots des bourgeois.
C'est sur la ville qu'il pointait ; toutes ses batteries
ont donné, sauf celle de Mohon. La citadelle n'a
pas reçu dix projectiles, si ce n'est qu'un boulet est
entré par ma fenêtre, comme je venais de sortir, et
a fait un trou dans le mur pour rendre visite dans
la chambre de M. Barrois. Le feu a pris à plus de
cinquante places dans la ville, et les pompiers ont
dû trimer. Il y a plus de deux cents cheminées de
tombées dans les rues, dont l'une à la maison d'à
côté de la mairie, qui a croulé sur le général et
l'état-major, comme ils allaient rentrer à la citadelle. Ils n'ont reçu que de la poussière et pas de
mal. Les enfants de ce pays sont plus braves que
partout ; quand les obus sifflent dans les rues, ils
sautent en l'air et crient : « *Niquabout.* » On m'a
dit que cela voulait dire des hannetons. Avant le
Pont-d'Arches, dans le faubourg, une vieille femme
a mis le casque de son mari qui s'était retiré, ayant
eu une pierre sur le pied. On riait et on la moquait,
mais elle a fait la chaîne toute la journée sans faire
attention ; des farceurs ont voulu lui envoyer des

seaux d'eau dans les jambes, parce qu'elle avait retroussé sa cotte comme Javotte, et les gendarmes les ont bousculés avec défense de tourmenter la vieille. L'ennemi laissait bien paraître qu'il en voulait surtout aux bourgeois ; j'étais monté sur le bastion de Niquet (?) d'où l'on voit très bien jusqu'au milieu des *Allées*, où on voyait une masse d'ennemis qui regardaient brûler la ville, c'est ce qui a fâché les canonniers de Charleville. Un de leurs officiers n'a pas demandé d'ordre et il a fait envoyer deux obus à mitraille sur les *Allées*, et quand la fumée s'est passée, on n'y a plus vu de spectateurs, que pas mal de Prussiens par terre. Le commandant d'armes Traullé a blâmé l'officier ; il lui a dit qu'il passerait au conseil de guerre, mais c'est au même moment que l'ordre est venu de faire feu de toutes les pièces. On a fait danser celles des Prussiens toute l'après-midi et ils ont dû avoir des batteries de sautées. »

Le 27, et encore à deux heures du matin, l'ennemi recommence le bombardement, et toujours sur la ville, jusqu'à trois heures de l'après midi, où la plupart de ses pièces sont encore une fois démontées par l'artillerie de la place. « Nous avons eu chaud ce matin dans Mézières, écrit le lieutenant B***, par suite de la reprise du bombardement et de l'incendie du grand magasin des bois de l'artillerie. On a pu voir ce qu'est la flamme de 20.000 bois de fusil et 400 bateaux, de ceux à fond plat que l'Empereur avait fait construire pour la grande armée passer de Boulogne en Angleterre.

Les casemates sont ouvertes aux bourgeois, et le général commandant fait délivrer deux fois par jour 250 rations. »

Sitôt que la cessation du feu permet de parcourir sans danger les rues de la ville, elles sont pleines d'habitants se questionnant, se cherchant, se faisant voir réciproquement leurs maisons à moitié démolies ou brûlées ; on visite comme un pélerinage la chapelle de la *Vierge Noire* respectée par une bombe enfoncée dans le plafond au dessus de sa tête, on remarque les entailles nombreuses faites au clocher, du haut duquel un douanier observait pendant le duel d'artillerie les résultats produits ; à l'aide d'un porte-voix, il faisait ententendre à toutes les batteries de la place les indications nécessaires à la rectification de leur tir. Des contemporains affirment que, quand le canon se taisait, on entendait sa voix de Charleville, d'où l'acharnement de l'ennemi après la tour. Les Macériens ne parlent toujours pas de se rendre, mais ils s'indignent de la barbarie prussienne, et nous en trouvons la preuve dans cette lettre :

« Mézières, le 27 juillet 1815

» Le Maire, Adjoints et membres du conseil municipal à monsieur le gouverneur de la place de Mézières.

» Monsieur le Gouverneur,

» La position fâcheuse où se trouve notre ville,

le désastre (1) que la plupart de nos habitants éprou-
vent, les ont probablement déterminés à nous faire
une demande tendant à nous supplier d'aviser aux
moyens de faire cesser le bombardement affreux
sous lequel ils gémissent depuis deux jours.

» Cette attaque ne nous paraissant jusqu'alors
dirigée que contre nos concitoyens et leurs propriétés, nous vous supplions, Monsieur le gouverneur, de vouloir bien permettre qu'une députation
du conseil municipal se rende près de M. le général commandant les troupes de siége, à l'effet d'ob-
tenir de lui, au nom des habitants, une explication
sur les motifs qui peuvent déterminer une pareille
attaque.

» Cette démarche pourrait peut-être nous procurer une suspension d'hostilités ; quelqu'en doive
être, au surplus, le résultat, nous y trouverons
toujours un nouveau témoignage de la bienveil-
lance que vous avez constamment montrée pour la
ville de Mézières, et qui excitera de plus en plus
sa reconnaissance.

» Nous sommes avec respect, etc., etc.

» Signé : Adolphe de Jaubert, maire ; Lescuyer
et Nique, adjoints ; Guillaume ; Vernon Alexis ;
Satabin, Dubois, Renaudin, Amstein, Millon,
Torence, Parent, A. Lescuyer, Coubault, Duchaux,
Bourdier, conseillers municipaux. »

Le 28, pendant que le conseil de défense délibère sur la réponse à donner aux habitants de la

____

(1) Les pertes ont été évaluées à un million.

malheureuse cité qu'ont écrasée 3,000 bombes, obus et boulets, se présente un parlementaire prussien, demandant que le général français fixe lui-même une entrevue avec le général Eglofstein et un commissaire du roi Louis XVIII. Cette nouvelle est bientôt répandue dans la ville; on ne doute pas que le roi ne veuille point plus longtemps laisser détruire Mézières, et l'on obtiendra une capitulation honorable, entre les mains du gouvernement français, car on n'en veut point d'autre. Le général Lemoine assigne comme lieu de rendez-vous l'avancée du *Pont d'Arches* et s'y rend avec deux officiers. Déception ! M. Milon de Villiers (1), qu'il rencontre avec les officiers allemands, n'a pas les pouvoirs du roi et est seulement porteur d'une dépêche du ministre de la guerre du 15 juillet prescrivant la reprise des couleurs blanches. M. Milon de Villiers cherche à amener un armistice, le général prussien demande de rechef une capitulation. Le chevalier Lemoine brusque l'entretien et va rentrer dans la place. Aux énumérations que le général Eglofstein fait avec complaisance des forces et moyens dont il dispose, le général Lemoine répond en faisant valoir le courage de ses soldats et la ténacité indiscutable des habitants ; puis, s'échauffant, il reproche avec indignation aux officiers allemands leur conduite à l'égard de la population civile. Le colloque s'envenime de plus en plus et M. Milon de Villiers obtient à

(1) Sous-préfet royaliste.

grand'peine des deux commandants qu'on suspen-
dra les hostilités pendant le voyage qu'il va faire
à Paris où il prendra les ordres du roi.

Cette convention *toute verbale*, et n'ayant d'autres
témoins que M. Milon de Villiers et les aides de
camp respectifs des deux généraux, est communi-
quée au maire de Mézières qui s'empresse de la
faire connaître à ses administrés. On respire, on
se prend à espérer, mais le 29 on s'aperçoit que
l'ennemi répare ses batteries. Représentations du
gouverneur ; on lui réplique que ce n'est point là
un acte hostile. Autre taquinerie plus mesquine :
Les Prussiens ayant reconnu que les soldats non
occupés s'amusaient à pêcher dans la Meuse, em-
poisonnent les eaux avec des quantités énormes
de *Coque du Levant*. Le 30, l'observatoire de la
citadelle signale un convoi d'artillerie de siége se
dirigeant vers le *Moulin à Vent*. Le général n'y
tient plus, il fait tirer sur le convoi, les Allemands
répondent avec leurs batteries réparées, mais cette
fois ils visent les fortifications. C'est de bonne
guerre. Puis, sachant la faiblesse de la garnison,
ils harcèlent jour et nuit les avant-postes. Afin de
tromper leurs tirailleurs, à ce que nous apprend
notre lieutenant, les soldats plantent leurs shakos
sur des piquets à certains endroits des chemins
couverts et laissent la fureur des assaillants s'a-
battre sur ces sentinelles qui ne bronchent jamais.

Le fait le plus important et d'un caractère
d'hostilité indubitable est la prise de la *Voirenne*,
ferme située dans l'île *Saint-Julien* et défendue par

la compagnie des jeunes gens de Charleville qui rentre dans la place avec quinze prisonniers faits par soixante conscrits sur plus de trois cents Hessois.

Comprenant toute l'importance de la possession de l'île Saint-Julien pour la défense de la ville, le général Lemoine en ordonna la réoccupation, et, les volontaires de Charleville se trouvant harassés au point de dormir en plein jour en faction, il les renforce par la compagnie du 22ᵉ et une compagnie du 6ᵉ de la Meuse. Ces forces réunies parviennent à localiser l'ennemi dans la ferme de la *Voirenne*. Voici une lettre du capitaine d'infanterie Goujare, datée de St-Julien, 4 août :

> Mon général,
>
> J'ai l'honneur de vous informer que j'ai été atta-qué par l'ennemi, dans la soirée d'hier, à 10 heures et demie, et qu'après une fusillade de douze heures, les soldats se trouvent extrêmement fatigués. J'ai un très bon compte à vous rendre de la manière dont MM. les officiers de cette compagnie, et ceux qui y sont attachés, se sont conduits ; mais je ne peux avoir le plaisir de vous rendre le même compte de la compagnie (1) que vous m'avez fait l'honneur de me confier, par l'indiscipline qui y règne, ayant entendu des propos réitérés qui peuvent compromettre l'honneur de MM. les offi-ciers ainsi que le mien.

(1) Des Mobilisés de la Meuse et des Ardennes.

Cependant, mon général, soyez persuadé que, si l'ennemi revient m'attaquer, je ne céderai la place que vous m'avez fait l'honneur de me confier qu'après m'être défendu jusqu'au dernier moment.

J'ai l'honneur, etc., etc.

Le capitaine commandant l'île St-Julien,

Signé : GOUJARE.

Je n'ai garde d'oublier la défense par les douaniers de la lunette de *Bertaucourt.* François-Victor B.... écrit le 3 août : « Les Saxons ont attaqué cette nuit la lunette des gabelous ; ils avaient des échelles. On les a laissés monter et on tombait sur eux à la baïonnette, sans griller une amorce. M. Robert l'avait défendu, parce que la nuit était trop noire et il a demandé du secours à la citadelle où l'on était déjà prêt parce qu'on entendait les cris. Le général a trouvé que l'artillerie ferait mieux, et il a envoyé deux tambours battre la retraite dans le chemin couvert. Alors, aussitôt les douaniers s'étant repliés, toutes nos pièces de ce côté-là ont fait feu sûrement, sachant qu'on ne toucherait point des nôtres, et les Saxons ont abandonné la redoute. Nous l'avons réoccupée sur les trois heures et nous avons trouvé cinq morts et dix-neuf blessés que l'ennemi avait laissés dans le fossé. Le général a embrassé le préposé Lambert qui s'était emparé d'un fanion blanc et vert. Comme les Saxons le tapaient pour le reprendre, il s'est couché à plat ventre, le fanion sous lui. Il a reçu onze coups de baïonnette, mais le major dit qu'il n'en mourra pas et il a rapporté son petit drapeau. »

Un second assaut est repoussé, le 4 août, à la lunette de *Berlaucourt* par les douaniers, renforcés de trente-deux grenadiers, vingt-cinq gardes nationaux et pompiers volontaires. Par représailles, l'ennemi tire à boulets rouges sur le faubourg Saint-Julien et en brûle une partie. Afin de pénétrer plus commodément et avec plus de forces dans l'île, il construit deux ponts en dessous de Prix et non loin de la tour de Warcq. Une attaque de vive force avait été repoussée dans la nuit du 3.

Le rapport du général Lemoine signale un procédé dont les Prussiens en 1870 ont fait de nouveau usage contre Mézières. « Dans la nuit du 4 au 5, mande-t-il au ministre de la guerre, l'ennemi plaça une batterie près le bois de Prix ; à onze heures du soir, elle commença à tirer, et treize obus tombèrent sur la ville. N'ayant pas reconnu d'ouvrages dans la direction d'où venait le feu de cette batterie, je jugeai qu'elle devait être volante, et j'en eus la conviction, lorsque je vis cette même batterie placée près le village de Mohon et lancer encore des obus sur la ville. Comme elle changeait à chaque instant, il était impossible à nos canonniers de répondre avec succès. »

Le 4 août, le commandant d'armes Traullé fait au général gouverneur le rapport suivant :

Mon général,

Au milieu des événements qui se pressent au dedans et au dehors, mon devoir est de vous instruire de tout ce qui intéresse la place qui est entre vos mains. Le résultat qui a suivi le bombardement jusqu'aux quatre derniers jours que nous venons de passer, est tel que je ne serais plus digne de votre confiance, si je ne vous en prévenais pas, en vous faisant part des renseignements que j'ai recueillis, renseignements qui ne peuvent que compléter ceux que vous avez sans doute déjà reçus, mon général, sur votre position. Il existe, il faut le dire, un découragement réel dans la garnison. Dans la garde nationale sédentaire, qui est ébranlée, non par les malheurs qu'elle a soufferts dans le dernier bombardement, car, on peut le dire, le courage qu'elle a montré tout le temps qu'il a duré est au-dessus de tout éloge ; mais, mon général, un second effort de cette nature pourrait compromettre, je n'en doute pas, le service que vous lui avez confié, tant aux batteries, qu'aux gardes et aux piquets : cela se dit hautement. Les gardes nationales mobilisées sont écrasées de fatigue depuis les attaques de nuit que l'ennemi a multipliées autour de nous ; et je ne crains pas de le dire, mon général, leur moral en est atteint au point que tout serait à redouter dans la place, si l'ennemi tentait une attaque de vive force sur les points faibles qui lui seraient indiqués. A cet égard, mon général, je vous demande d'interroger **MM.** les chefs de légion qui commandent ces corps. Il n'est pas qu'il ne soit parvenu à votre connaissance que le corps des douanes n'ait manifesté déjà depuis quelques jours dans la garde de la redoute qui lui est confiée, une hésitation à laquelle vous n'étiez point accoutumé. La compagnie du 22° régiment qui, après avoir si bien fait son devoir dans toutes les positions où elle s'est trouvée pendant le siége, s'est surpassée la nuit dernière, dans l'attaque du faubourg Saint-Julien, cette compagnie, dis-je, est exténuée de fatigues, et il lui serait difficile de tenir ce poste que vous lui avez confié plusieurs jours de suite. La compagnie de Charleville que vous aviez placée aux avant-postes de ce même faubourg, est tellement ébranlée, que je doute que vous puissiez en tirer le moindre parti, si l'attaque se renouvelle cette nuit de la part de l'ennemi avec autant de vigueur que la précédente. Si le moral d'une grande partie de notre garnison, et surtout celui de la garde nationale sédentaire, est ébranlé, mon général, ce n'est pas tant aux très grands préparatifs de siége que l'ennemi déploie dans l'île de Saint-Julien, préparatifs qu'il me semble lier avec ses moyens derniers du bombardement, qu'il faut l'attribuer, *qu'à l'attente malheureusement trop prolongée du retour du Commissaire du Roi.* Comme l'espoir était au comble quand il partit, le découragement était à craindre en ne le voyant point arriver. Ici, mon général, je vous prie de croire que je ne sonne pas l'alarme, et je ne fais que mon devoir en vous instruisant de ce qui se passe.

Veuillez agréer, mon général, l'assurance de mon respectueux dévouement.

Le Commandant d'armes,

TRAULLÉ.

Le loyal serviteur met le doigt sur la plaie. La bravoure n'a pas fléchi chez les défenseurs de Mézières ; mais le silence du gouvernement les décourage, ils craignent que la nécessité les oblige à remettre la place aux Prussiens et non à un représentant de la France. Soldats et bourgeois pensent de même et l'opinion de ces derniers se traduit dans cette adresse du conseil municipal.... « Quelque soit le parti que vous croirez devoir prendre dans la position difficile où la ville se trouve, nous vous supplions, M. le gouverneur, de compter sur le dévoûment et la reconnaissance de ses habitants ; ils seront toujours prêts à renouveler les sacrifices qu'exigeront d'eux le service du roi et l'honneur. »

La ville est de nouveau bombardée le 5 et le 6 août, et la nuit, l'ennemi jette dans les avant-postes des proclamations du général en chef Hake excitant les soldats à déserter et à se présenter à l'état-major des alliés où on leur délivrera des feuilles de libération du service militaire. Indigné, le général Lemoine retourne une de ces proclamations au général Hake qui, impatienté de la résistance de la ville, a voulu voir par lui-même et transporté son quartier général à Belair. C'est de cette résidence qu'il lui écrit, le 6 août : « Sans avoir aucun doute sur la sincérité de vos senti- ments pour S. M. le roi Louis XVIII, je crois ce- pendant devoir vous faire les observations sui- vantes : ce sont les troupes du roi qui ont désiré le retour de Bonaparte ; ce sont elles qui ont couru au devant de lui aussitôt qu'il a débarqué ; ce sont elles qui lui ont ouvert les portes de la capitale ; ce sont elles, enfin, qui lui ont livré les places fortes. D'après cela, vous ne devez pas être surpris que nous n'ayons pas beaucoup de confiance en ces mêmes troupes, malgré leur soumission qui, d'après tout cela, ne semble être qu'une suite du changement de circonstances. Vous m'avez écrit que je faisais la guerre au peuple français. La preuve que je ne la lui fais point, c'est que, dans le cas où vous évacueriez la place, la garde ur- baine resterait armée et continuerait à faire le service conjointement avec nous......... *Si la per- sonne sacrée du Roi se trouve en sûreté entre les mains des puissances alliées*, à bien plus forte raison peut-on leur confier une place forte ; sinon, j'ai l'ordre formel de vous attaquer et *vous n'avez pas décidément celui de vous défendre.* »

Il tient parole et, dans la nuit du 6 au 7, pen- dant que le conseil de défense délibère sur la ré- ponse à faire à cette lettre insolente, 3,000 Prus- siens tentent sur Saint-Julien une attaque de vive force. Le rapport du gouverneur porte : « L'ennemi profita de l'obscurité de la nuit pour s'avancer en silence et vint jusqu'au pied des palissades sans faire feu... Tout semblait le favoriser dans son entreprise ; il était même déjà parvenu à saper trois palissades, lorsqu'un feu terrible s'engagea et dura près de quatre heures. L'artillerie de la place seconda parfaitement l'infanterie. L'ennemi fut contraint de se retirer. »

Le lieutenant écrit à la date du 7 : « Ce matin, la compagnie *mixte* qui est aux avant-postes de la porte du *Theux* a ôté les cocardes blanches. M. Aubry, de Charleville, qui la commandait, ayant voulu les faire remettre, un sergent a tiré de sa giberne la cocarde tricolore et a dit qu'il n'en mettrait plus jamais d'autre. Il a donné aussi de mauvaises raisons à M. Aubry qui a fait appeler la garde. Le commandant d'armes a fait arrêter le sergent par la gendarmerie ; il passera au conseil de guerre, et, à cette vue seulement, les hommes ont remis la cocarde blanche.

Le même jour, et à dix heures du matin, le général Lemoine dirige lui-même une reconnaissance dans l'île Saint Julien, où l'ennemi construit un troisième pont. Signalé de loin aux coups des tirailleurs hessois, il reçoit deux balles dans son chapeau. Sur les sollicitations des officiers, il descend de cheval et pousse jusqu'au chemin des *Granges*. La position des 400 Français devient très critique, les Prussiens envoyant des renforts par les deux ponts et utilisant même le pont dit de l'*Ilet*, qui n'est pas achevé. Les Français se retirent à reculons, tirant toujours et s'abritant derrière les saules de la Meuse. Les douaniers à cheval et les gendarmes poursuivent jusqu'au milieu des Allées de Saint-Julien un major hessois qui s'était sauvé d'une maison et le ramènent prisonnier. Toujours le gouverneur est au premier rang ; on lui crie de tous côtés de se garer ; il semble qu'il cherche la mort, qui ne veut pas de lui. Les Prussiens manœuvrent pour couper cette brave phalange qui bat en retraite en combattant ; on arrive en se tiraillant à deux portées de fusil des remparts. Les canonniers de la porte Saint-Julien frémissent à leurs pièces. Le général lève son épée, et une décharge à mitraille couche à terre 86 Allemands. Dernière convulsion de la défense ! Dernier soubresaut de Mézières aux abois !

Le 8, après une canonnade qui a duré tout le jour, l'ennemi laisse rentrer dans la place plusieurs prisonniers qui affirment que quatre-vingt dix pièces de siège et mortiers sont réunis à Belval. Soixante-deux mobilisés désertent la nuit au *Pont d'Arches*, et ce point est presque laissé à la discrétion de l'assiégeant dont le tir ne discontinue pas sur la ville. Cinq maisons s'écroulent au faubourg de Pierre.

Le 9, au matin, un groupe de soldats et gardes nationaux, conduits par les fusiliers Joly et Castelin veut parler au général Lemoine. En proie à une exaltation terrible, ils demandent que l'on reprenne le drapeau et la cocarde tricolores et que l'on fasse sauter la ville, plutôt que de la rendre.

Repoussés aux portes de la citadelle, ils se rendent à la mairie, où le conseil municipal tient séance, forcent l'entrée et menacent le maire qui refuse de laisser abattre le drapeau blanc. M. de Jaubert est pendant quelques instants tenu au collet; il est dégagé par les douaniers. Pendant ce temps, l'ennemi réitère une attaque formidable sur Saint-Julien, auquel la garnison met le feu en l'évacuant. Les rues de Mézières offrent le plus affreux désordre. Il ne reste pas cinquante hommes sur les remparts; chacun abandonne son poste pour discuter, et, des arguments, on passe bientôt aux voies de fait. Du haut de la citadelle, on aperçoit de grands mouvements de l'ennemi dans la campagne. Il doit être prévenu de la division qui règne dans la place et paraît vouloir la mettre à profit. Sombre, nerveux et irrité, le général Lemoine s'est enfermé chez lui; le commandant Traullé prend sur lui de faire battre la générale, et la garnison redoutant une attaque, se répand à ses postes de combat.

Le conseil de défense, est convoqué pour midi. Voici copie de sa délibération.

Ce jourd'hui, 9 août 1815.

Le conseil de défense convoqué par M. le lieutenant-général, commandant supérieur de la place, ville et citadelle de Mézières en état de siége;

Séance ouverte, il a été donné lecture par le secrétaire des lettres-patentes et du procès-verbal de la dernière séance du 18 juillet dernier.

Ensuite, M. le gouverneur a donné connaissance

au conseil de la situation dans laquelle se trouvent actuellement la place et la garnison, sous les rapports militaire et *politique*, et a mis sous les yeux l'exposé ci-après, à l'effet, par le conseil, de prendre dans la circonstance présente, telle détermination que sa sagesse et l'honneur lui suggéraient.

M. le gouverneur expose :

1° Les représentations qui lui ont été adressées, sous la date du 4 de ce mois, par la lettre du maire et du conseil municipal de cette ville, sur les malheurs qu'ont déjà éprouvés les habitants par l'effet du bombardement des 26 et 27 du mois dernier, et ceux bien plus grands encore dont la ville est menacée par les dispositions immenses des assiégeants, auxquels une nouvelle résistance pourrait n'avoir d'autre résultat que la destruction complète des propriétés, sans conserver la place au roi, pour lequel les habitants sont d'ailleurs dévoués aux plus grands sacrifices ;

2° Les renseignements transmis par M. le commandant de la place, qui annoncent qu'on doit peu compter sur la force physique et surtout morale de la garnison ;

3° Une proclamation du 5 courant, de M. le général Hake, jetée dans les postes avancés, tendant à exciter la garnison à la désertion et affectant, contre toute vraisemblance, de la considérer comme en état de rébellion au roi par sa résistance aux troupes alliées, qui se disent appelées à rétablir S. M. Louis XVIII sur le trône : proclamation dont les effets alarmants vont toujours croissants, puisque malgré toutes les précautions possibles, les gardes nationaux mobilisés désertent sans cesse, notamment des postes avancés, ce qui compromet ·la sûreté de la place et la met dans un péril extrême ;

4° Les dispositions des habitants composant la garde nationale sédentaire, et de ceux faisant le service de l'artillerie de la place qui, malgré leur dévouement et leur zèle bien éprouvés pour le service du roi, succomberaient incessamment aux fatigues d'un service aussi actif et aussi pénible, et seraient tout à coup découragés, tant par la désertion d'une grande partie de la garnison que par la ruine entière de leurs propriétés, et par l'indispensable nécessité d'abandonner leurs femmes et leurs enfants, sans abri, sans asile et sans l'espoir d'un résultat aussi heureux qu'honorable, *le salut de la place* ;

5° Que les assiégeants ont depuis plusieurs jours poussé leurs travaux avec tant d'activité, qu'ils ne sont plus qu'à deux cents toises du corps de place, sans qu'on puisse tenter de les éloigner, de les détruire par une sortie, puisque ce serait procurer aux mobilisés les moyens de s'évader ; ce qu'ils ne manqueraient pas de faire, lorsqu'ils en recherchent et saisissent toutes les occasions ;

6° Que, d'après les renseignements les plus certains, les assiégeants se trouvent en mesure de disposer de 80 à 100 bouches à feu qui, suivant tous les rapports, seront en batterie vers le soir, sur les six points où leurs travaux seront déjà perfectionnés, et d'où ils dirigent, depuis le point du jour, un feu soutenu sur les différentes parties des ouvrages et sur les habitations ; ce qui peut, en quelques heures, compléter la dévastation, jeter l'effroi parmi les soldats et rendre vains les efforts qu'on pourrait en attendre.

7° Qu'il ne reste plus dans les magasins que 15,000 kilogrammes de poudre environ, à peine suffisants pour huit jours d'une défense opiniâtre, semblable à celle qui a eu lieu pendant et depuis le bombardement, et sans qu'il y eut aucune réserve pour la défense de la citadelle, dans laquelle on pourrait se trouver forcé de se retirer.

8° Que, depuis le départ de M. de Villiers, sous-préfet dans le département des Ardennes, chargé, avec l'autorisation de M. le général des alliés, de dépêches pour S. Exc. le ministre de la guerre, pour demander les ordres du roi relativement à la place, on avait l'espoir fondé qu'aucune hostilité n'aurait lieu avant son retour ; mais que, contre toute attente, les assiégeants ont poussé leurs travaux avec une telle vigueur qu'ils ont jeté trois ponts sur la Meuse, occupé l'île et partie du village de Saint-Julien et couvert cette position des préparatifs d'un siége régulier, et renouvelé, depuis le 1er de ce mois, de vives attaques, chaque nuit, que la garnison, épuisée de fatigues, a dû soutenir sur tous les points.

9° Qu'enfin, n'ayant point reçu de nouvelles de ce courrier, ni d'ordre de Sa Majesté, le conseil doit songer au moyen d'éviter à la ville, et à ses

habitants des malheurs inutiles, qui seraient le résultat inévitable d'un siége prolongé et d'un nouveau bombardement, en proposant à cet effet une
convention honorable pour la garnison et les habitants, puisqu'elle aurait pour but d'éviter toute ca-
lamité publique et de conserver sa place au roi.

Sur quoi, délibérant par ordre de M. le gouverneur, le conseil de défense, pénétré de l'exposé de
la situation actuelle de la place, déterminée moins
par son état critique sous le rapport militaire que
par la *fausse position politique* où elle se trouve
placée ; prenant surtout en très grande considéra-
tion que, par suite de sa soumission libre et volon-
taire à S. M. Louis XVIII, la garnison s'est dé-
vouée à la défense de la place pour le roi, dont elle
attendait chaque jour des ordres, et qu'après avoir
vainement tenté tous les moyens de se mettre en
communication avec son gouvernement, il ne lui
reste plus d'espoir;

Considérant qu'une plus longue résistance
contre l'armée des alliés devrait paraître contraire
à la volonté et aux intentions de S. M. et interpré-
tée peut-être comme une rébellion à son autorité
légitime ;

Considérant que, dans cette situation critique,
une plus longue défense entraînerait des malheurs
aussi grands qu'inutiles à l'honneur des armes de
S. M. et à celui de la garnison et des habitants,

Chacun des membres émis sont opinion, le conseil est d'avis qu'il soit proposé dans le jour, à
M. le général en chef commandant l'armée assié-

geante, une convention d'après laquelle la ville serait confiée *à titre de dépôt et non autrement*, à la loyauté des troupes alliées, qui en prendraient possession au nom de S. M. Louis XVIII, et, de convention expresse, la citadelle serait réservée pour la garnison française qui sera libre de s'y retirer, pour y attendre les ordres de S. M. sur sa destination ultérieure, dans un délai fixe.

M. le colonel Griois (1), directeur d'artillerie, l'un des membres du conseil, a demandé qu'on insérât l'opinion qu'il a émise que « nous pouvons et devons continuer à défendre la place pour le roi et pour notre honneur et que, dans le cas où on serait réduit à capituler, on doit le faire en même temps pour la citadelle et pour la place. »

Ensuite, personne n'ayant plus fait d'observation, la séance a été levée

Signé : les membres du conseil :

Traullé, commandant d'armes ; Parent ; Juge ; Delavigne, commandant du génie ; Berthier ; Baudin, major ; Gallien, directeur des douanes ; Griois, colonel commandant l'artillerie ; Lieutenant général Lemoine, président ; Coquignot, secrétaire.

Il n'était pas possible de cacher à la ville et à

(1) Le colonel Griois a nié depuis avoir jamais dit qu'on devait continuer à défendre la place *pour le Roi*, et a prétendu avoir dit seulement : *pour l'honneur de la France*. Le général Lemoine aurait pris sur lui de faire mettre les mots « *Pour le Roi* » dans l'intérêt du colonel, que ses opinions anti-monarchistes désignaient d'avance à la malveillance du gouvernement.

la garnison la décision du conseil de défense : la cessation du feu et les fréquentes sorties des officiers parlementaires en disaient suffisamment. Les habitants se résignèrent à l'idée d'une capitulation, puisqu'elle devait mettre un terme à leurs souffrances et à leurs pertes, et la garnison trouvait dans sa retraite à la citadelle une légitime satisfaction d'amour-propre. Les officiers de l'état-major se mêlaient volontiers aux soldats et aux gardes nationaux et faisaient ressortir avec calme et modération les nécessités auxquelles il fallait bien se plier, et leur conduite pendant le siége leur donnait certes tous droits à la confiance de leurs inférieurs.

L'état-major français, en rédigeant son projet de pourparlers, avait repoussé le mot de *capitulation* pour prendre celui de *convention*. Voici le texte de cet arrangement, que le général Lemoine qualifie de *très honorable* et dont les conditions n'auraient pas été acceptées par le général Hake, s'il eût connu le peu de ressources dont disposait la défense.

« Ce jourd'hui, 10 août 1815, à huit heures du matin, se sont réunis les soussignés, M. le colonel baron de Witzleben, chef de l'état-major général, et M. le major de Bardeleben, commandant en chef l'artillerie de siége, nommés par S. E. M. le baron de Hake commandant en chef l'armée du Nord de l'Allemagne ;

Et MM. Coblence, major de la légion des douanes des Ardennes et Lefebvre, capitaine aide de-

contre la citadelle avant le 1er septembre prochain, camp, nommé par M. le lieutenant général Lemoine, commandant supérieur des forteresse et citadelle de Mézières, à l'effet de traiter et conclure une convention tendant à faire cesser les hostilités ; lesquels commissaires, après avoir échangé leurs pouvoirs, sont convenus de ce qui suit.

Art. 1er. — La place de Mézières sera remise, à titre de *dépôt*, aux troupes alliées qui devront la rendre, à la paix définitive, à S. M. le Roi de France, dans la situation où ils l'auront occupée et d'après l'état qui en sera dressé (1), *si cette remise est convenue entre les puissances alliées e Sa Majesté.*

Art. 2. — Le 11 acût, à midi, la tête du *Pont-d'Arches* et tous les ouvrages jusqu'à la Meuse, ainsi que ceux extérieurs de la porte *Saint-Julien*, seront remis aux troupes alliées : le 12, elles occuperont la *Couronne de Champagne* jusqu'à la Meuse, et le 13, à midi, le corps de place.

Art. 3. Les troupes françaises désignées par le gouverneur comme nécessaires à la défense de la citadelle, y entreront une heure avant l'entrée des troupes étrangères dans la place ; le surplus sera, dans le jour même, licencié, conformément à l'ordonnance du roi, et obtiendra des passeports ou feuilles de route pour se retirer dans ses foyers.

Art. 4. Aucune hostilité ne pourra avoir l'eu

---

(1) Il ne faut pas oublier qu'on ignorait encore quelle ligne de frontières la coalition assignerait à la France.

époque à laquelle la garnison sera libre de se rendre derrière la Loire, pour y rejoindre l'armée du roi, avec armes, bagages, quatre pièces de canon, quatre caissons de munitions d'artillerie, deux caissons de munitions d'infanterie et les chevaux de trait nécessaires au transport.

Art. 5. Le délai fixé jusqu'au 1er septembre sera prorogé jusqu'au 10 inclus, sans que les hostilités puissent recommencer, si M. le gouverneur déclare, le 1er du même mois, vouloir, à cette dernière époque, faire la remise de la citadelle de la même manière et aux mêmes conditions stipulées pour la place en l'art. 1er.

Art. 6. Trente pièces de canon de différent calibre, formant l'excédant de l'armement de la citadelle, resteront sur les remparts de la place et seront remises aux troupes alliées, aux conditions exprimées en l'art. 1er. Elles conserveront également les magasins placés aux batteries et affectés à chaque pièce.

Article additionnel. Il est bien entendu que ces trente bouches à feu et leurs approvisionnements restés sur les ouvrages de la place ne seront pas employés, dans tous les cas, contre la citadelle.

Art. 7. MM. les officiers de tout grade, les inspecteurs, sous-inspecteurs aux revues, commissaires des guerres, officiers de santé et autres employés militaires qui n'auront point été désignés pour le service de la citadelle, recevront des passeports ou feuilles de route, pour se retirer où bon leur semblera.

Art. 8. La garde nationale sédentaire continuera à faire le service intérieur de la place, afin d'y maintenir la bonne harmonie qui doit exister entre les habitants et les troupes alliées, sous la direction du maire et du conseil municipal.

Art. 9. Il ne sera prélevé, dans la place, aucune contribution en argent ou en nature quelconque, les habitants ayant perdu, par suite du bombardement, la majeure partie de leurs ressources.

Art. 10. Les personnes et les propriétés seront respectées, et aucun individu ne pourra être inquiété pour ses opinions politiques, ni pour la part qu'il aurait pu prendre à la défense de la place.

Art. 11. Les cavaliers et préposés des douanes, momentanément militaires, conserveront leurs chevaux, harnachements, équipements, fourniments et leurs armes qui sont leurs propriétés, ce qui est notoire, quand bien même ils voudraient se retirer pour se rendre isolément dans leurs foyers ; les armes seulement devront, dans ce dernier cas, être déposées dans un local désigné par le directeur des douanes, au chef-lieu de la direction à Charleville, où une sentinelle sera placée d'après les ordres de Son Excellence, afin de veiller à leur conservation ; mais ce directeur ne pourra les distribuer que lorsque l'administration centrale à laquelle ils appartiennent, leur aura de nouveau assigné des fonctions publiques.

Art 12. Tous les militaires blessés ou malades qui se trouvent à l'hôpital, ou chez les particuliers,

seront soignés avec humanité jusqu'à parfaite gué-
rison. Un commissaire des guerres et des officiers
de santé seront désignés à cet effet ; lorsqu'ils seront susceptibles de se mettre en route, il leur
sera délivré des feuilles de route pour se retirer
dans leurs foyers.

Art. 13. Tous les prisonniers de guerre existant
dans la place seront mis de suite à la disposition
de M. le général en chef ; les autres prisonniers,
tant civils que militaires, appartenant à la nation
française, resteront détenus jusqu'à ce que les tri-
bunaux aient prononcé sur ce qu'on leur reproche.

Art. 14. La présente convention n'aura son
exécution que lorsqu'elle sera ratifiée par MM les
généraux commandants en chef, tant allemand
que français ; mais aussitôt cette ratification, il
sera délivré des passeports à deux officiers français qui se rendront à Paris, à l'effet de mettre la
dite convention sous les yeux de Sa Majesté le roi
de France, et y prendre ses ordres, *relativement à
la citadelle de Méziéres.*

Fait double, à Belair, près Charleville, les sus
dits jour, mois et an que dessus.

Signé :

WITZLEBEN,
colonel, chef d'état-major ;

COBLENCE,
*major de la légion
des douanes ;*

BARDELEBEN,
*major commandant l'ar-
tillerie de siége ;*

LEFEBVRE,
*capitaine aide de
camp ;*

Vu et approuvé :
HAKE,
*lieutenant-général et gé-
néral en chef de l'ar-
mée du Nord de l'Alle-
magne.*

APPROUVÉ PAR NOUS, LIEU-
TENANT GÉNÉRAL, COMMAN-
DANT SUPÉRIEUR DES FOR-
TERESSE ET CITADELLE DE
MÉZIÈRES.
LEMOINE.

De son côté, le maire de Mézières faisait afficher la proclamation suivante :

Braves habitants de la ville de Mézières.

L'énergie, le courage et le zèle qu'ont déployés la Garde nationale et les canonniers de cette ville, pendant les cinquante jours qu'a duré le siége de la place, leur ont mérité l'estime des chefs militaires et la reconnaissance des magistrats. Le calme, l'ordre qui ont constamment régné attestent aussi la bonne conduite de tous les citoyens ; chacun a donné des preuves de son attachement, de son dévouement au Roi, et la convention faite avec M. le général des troupes alliées est un garant pour la ville de Mézières qu'elle a fait son devoir, qu'elle n'a pas été vaincue, mais que, pour épargner de nouveaux malheurs aux habitants, la place va être confiée à la loyauté des troupes alliées, jusqu'à ce que le Roi ait pris des arrangements avec les puissances.

Une condition expresse de cette convention assure la tranquillité des habitants, le respect des personnes et des propriétés et *la conservation de la place à la France.* (1) Tous les citoyens sont

(1) On remarque que le maire de Mézières est plus affirmatif que le commandant supérieur quant à la certitude que la ville restera française. Il veut par là répondre à un bruit malveillant répandu à plaisir, d'après lequel la Prusse devait englober tout le cours de la Meuse.

donc intéressés à son exécution ; pour l'assurer, il faut que chaque habitant conserve le calme, la modération qui l'ont caractérisé jusqu'ici ; qu'aucun ne s'éloigne de l'obéissance que l'on doit aux actes de l'autorité, et que tous soient bien convaincus que la plus légère voie de fait contre les troupes alliées, que des insultes, des propos même, qui pourraient leur faire douter qu'elles peuvent séjourner avec confiance au milieu de nous, ne manqueraient pas d'attirer sur la ville des malheurs plus grands que ceux qu'elle vient d'éprouver ; les individus qui auraient pu exposer leurs concitoyens à de nouveaux désastres, devraient s'attendre à être livrés à toutes les régueurs des lois militaires.

Je vous engage donc, mes concitoyens, à supporter avec résignation, avec courage, le position pénible dans laquelle les suites inévitables d'un siège vous ont mis. C'est le seul moyen de maintenir la tranquillité, de réparer vos pertes, de conserver nos établissements publics, si nécessaires à votre existence, et de voir renaître les avantages que procurent l'ordre, l'industrie et le commerce. Des mesures sont prises pour assurer la subsistance des malheureux. Tout est prévu pour la conservation de tous. Qu'aucun de nous se garde bien, par une conduite blâmable, de compromettre le sort de la ville et la tranquilité des habitants. Au surplus, je compte sur la continuation des efforts des officiers de police et de la garde nationale pour maintenir l'ordre qui n'a pas cessé d'exister.

Mézières, le 10 août 1815.

ADOLPHE DE JAUBERT.

maire, membre de la Légion d'honneur.

Ainsi qu'il avait été convenu, l'occupation ennemie commença par les faubourgs du *Pont-d'Arches* et du *Pont-de-Pierre*. Les sentinelles des deux nations se regardaient à vingt pas de distance. Derrière les Allemands [étaient entrés des charrettes chargées de beurre, d'œufs et de légumes frais, toutes denrées dont les Macériens n'avaient plus que le souvenir ; mais les coquetiers avaient dû, au nom du droit essentiellement prussien du plus fort, verser entre les mains d'un officier supérieur la somme de un franc par charrette. La municipalité ayant réclamé auprès du commandant en chef, cet officier jura qu'il n'avait rien perçu, d'où la moralité de ce récit est facile à tirer.

Le lieutenant B***, à qui nous empruntons ce fait, nous raconte aussi le départ des mobilisés. « Il y a, près de la *Porte-Noire*, un grand magasin très profond, où on avait logé le lard pour la garnison. Nos hommes, ayant trouvé que leur prêt de route n'était guère lourd, ont demandé à avoir leur part de cette denrée que les grenadiers transportaient sur leur dos dans les magasins de la citadelle. Le commissaire des guerres a accordé un quart par homme, mais il n'a voulu le délivrer que

sur le vu de la feuille de contrôle des hommes li-
cenciés ; et sans s'expliquer davantage, les gardes
de la Meuse se sont jetés sur les soldats pour leur
arracher ledit lard. Une bataille s'en est suivie ;
nous, les officiers, nous avions conservé nos épées
et nous avons dû les tirer contre nos vauriens et
nos malpropres. J'ai blessé pour ma part et sans
regret un caporal qui m'appelait sous le nez : *Dia-
ble boîteux* ! Les artilleurs de la ligne ont réduit à
l'obéissance, avec notre concours, les mangeurs de
lard. Il en est résulté que nos commandants sont
seuls allés saluer le général Lemoine. Nous avons
quitté Mézières en assez bon ordre et avons
trouvé l'infanterie saxonne derrière la porte. Nous
avons défilé devant eux en silence ; nous, les officiers, nous avions l'épée dans le fourreau, puisque
notre troupe avait rendu ses armes, et c'est sans
doute pour cela que les officiers allemands ne sa-
luaient pas. Le capitaine Beauzée, s'en étant cho-
qué, saluait chaque officier en passant et leur disait à tous à haute voix : « Monsieur, c'est bien
vous que je salue ! » ce qui les obligeait à répondre, mais d'un air étonné. » Ici, nous dirons adieu à
notre narrateur.

Le général Lemoine ne pouvait loger dans la
citadelle une garnison très nombreuse ; l'esprit et
les termes de la convention s'y opposaient. Il
commença par licencier les douaniers mariés qui
rentrèrent, avec leur directeur et leurs principaux
officiers et fonctionnaires, à Charleville, où leurs
familles les attendaient avec impatience. Ce beau

corps s'était montré admirable pendant toute la durée du siége, et il restait représenté dans la garnison de la citadelle par une compagnie de préposés célibataires. La jeunesse carolopolitaine, sauf quelques exceptions, regagna ses foyers. L'opinion publique était assez aigrie à Charleville, (1) que les logements militaires et les réquisitions de tout genre écrasaient sans pitié. On s'y souvenait toujours avec amertume du refus de secours et on reprochait au maire de Mézières de n'avoir pas donné dans sa proclamation un mot de remerciement aux volontaires de Charleville. Le nouveau préfet royaliste, baron Rogniat, arrivé le 15 août au chef-lieu, fit tous ses efforts pour dissiper cette impression nuisible à la bonne entente des deux cités voisines. Tous les échappés de Waterloo, soldats d'armes diverses, la compagnie du 22e de ligne et un fort détachement de mobilisés des Ardennes, complétaient la garnison de la citadelle.

Le 14, quand les alliés eurent occupé la ville entière, le général Hake passa sur les glacis de Saint-Julien une revue de 12,000 hommes ; c'était faire voir que la résistance n'eût pas été longtemps possible. Le défilé eut lieu par toutes les rues de

(1) Malgré les réclamations du général Lemoine, le général baron de La Planche et les officiers de la garde nationale de Charleville étaient toujours détenus à Luxembourg. Les Prussiens avaient même signalé leur haine en pillant la maison de campagne que le général La Planche possédait à Luzy (Meuse).

la ville, les troupes entrant par une porte pour ressortir par l'autre. Ce procédé a été renouvelé de nos jours. Ce qu'on remarquait le plus chez les Prussiens, c'étaient leurs gants en drap gris-de-fer, divisés en deux compartiments, l'un renfermant les quatre doigts réunis, l'autre le pouce.

On a vu que la convention du 10 août interdisait réciproquement toute espèce d'hostilités avant le 1er septembre. Le 22, le général Lemoine reçut, par une arbalète, dit on, une lettre du préfet Rogniat, l'informant que les Allemands s'étaient emparés des caves de la préfecture dont ils empêchaient l'accès, et devaient, à en juger par les outils qu'on les voyait y introduire, s'y livrer à quelques travaux de mine contre le bastion de la citadelle adjacent.

A bref délai, un second avis parvint encore au général, dénonçant positivement l'ouverture d'une galerie souterraine ; et, à l'appui de son allégation, le préfet disait renoncer à habiter ou à tenir même le moindre bureau dans un bâtiment aussi menacé et l'abandonnait complètement. Le bastion désigné porte le n° 1 et est par conséquent à gauche du pont-levis en entrant dans la citadelle. Le commandant du génie Delavigne fit des investigations qui l'amenèrent à reconnaître l'exactitude du renseignement, mais il ne put suivre l'avis que donnait le préfet, de noyer les travaux, et ne put que prendre des dispositions de défense très insuffisantes et qui devaient même, à un moment donné, être complètement annulées.

Les allemands ne s'en tenaient pas à leurs travaux occultes, qui n'employaient pas moins de quarante mineurs ; le 23, ils commencent une batterie blindée sur la place du *Marché*, en construisent également une dans l'île *Baudart* et une dans l'ouvrage à cornes d'*Arches*.

La population s'en inquiète, d'autant plus que le bruit se répand dans la ville que le général Lemoine va faire tirer sur les travailleurs et incendier ce qui reste de Mézières. Une agitation extraordinaire se répand parmi les habitants ; elle est à son comble le 24 au soir, lorsqu'on aperçoit en haut de la citadelle] les canonniers à leur poste, la mèche allumée. Du civil, l'émotion gagne les militaires qui désertent avec une louable rapidité les rues les plus en vue de la citadelle. On voit des officiers supérieurs et deux généraux prussiens se rendre, l'air inquiet, à la mairie, lorsqu'une détonation formidable retentit ; les coups se succèdent, venant toujours de la citadelle, mais sans résultat ; il s'agit simplement de l'annonce de la *Saint-Louis*, fête du roi, que le général Lemoine vient de faire aux troupes de sa garnison et en se conformant strictement aux règlements militaires sur la célébration de la fête du chef de l'Etat. On a ri longtemps à Mézières de la peur des allemands, partagée à juste titre, il faut le dire, par une population récemment si maltraitée.

Le 25 août, revue de la garnison dans la citadelle. Distribution d'une double ration de vin aux troupes ; dîner assez froid offert par le gouverneur à tous les officiers, tandis que les soldats dansent *la fricassée* au son d'une clarinette et d'un tambour. Le soir, un transparent figurant les armes de France est allumé sur le rempart qui fait face à la ville ; mais, plusieurs soldats ayant répondu au cri de *Vive le roi* par celui de *Vive l'empereur*, le prudent commandant Traullé le fait éteindre.

Le 26, au matin, on s'aperçoit que les alliés établissent une batterie sur la rive gauche de la Meuse, près de l'extrémité de la branche gauche de la *Couronne de Champagne*, et travaillent à un pont de bateaux, pour lier les ouvrages des deux rives.

Malgré les réclamations successives du général Lemoine, ils établissent une batterie de dix mortiers dans le pré *Bussy*, en bas de l'escarpe de la *Porte neuve* dont la demi-lune est garnie, le 31, au point du jour, d'une batterie de huit pièces. La *Porte noire* est armée de deux obusiers. Enfin, dans la matinée, les pionniers allemands démasquent avec fracas et en poussant des *hourrahs* ! une batterie de brêche qu'ils avaient établie dans les caves de la préfecture. Du bastion nᵒ 1 on aperçoit deux fourneaux de mine, et le commandant du génie Delavigne, qui examine ces travaux du haut du rempart, essuie les injures des soldats saxons. Il n'en tient compte, mais soudain les voit le coucher en joue. Il se retire et s'aperçoit qu'un grenadier, indigné, a voulu tirer sur les assaillants, mais son fusil a raté.

Dans la matinée, un grand mouvement est remarqué dans les troupes de la garnison qui prennent les armes. L'opinion chez les défenseurs de la citadelle est qu'ils vont avoir à soutenir un assaut. Le tambour bat ; le général Lemoine semble avoir retrouvé son ardeur du siège, il s'assure par lui-même que chacun est bien à son poste ; pas un lâche, pas un trembleur ; partout des gens décidés à vendre leur vie le plus chèrement possible. Les habitants des maisons voisines de la citadelle commencent à les évacuer, emportant ce qu'ils ont de plus précieux. Fausse alerte. La garnison est changée, sauf l'artillerie prussienne qui reste ; mais l'infanterie et la cavalerie, composées de Hessois et de Saxons, sont remplacées par des troupes prussiennes appelées de Sedan, Donchery, Mouzon et Carignan. On voit déboucher successivement le régiment d'infanterie de *Brandebourg* (1) et sa musique célèbre dans toute l'Europe ; puis voici les légendaires *houzards de la mort* avec leurs colbaks interminables ; enfin un régiment de *landwher* et un de *landsturm*. Les Saxons-Hessois qui ont perdu pendant le siége près de trois mille hommes, (2) sont envoyés à Sedan ; ils ne jouiront pas de l'honneur de voir capituler la citadelle, et, sans avoir été à la peine, les troupes

(1) Les morts s'oublient vite. Les dilettanti de Charleville-Mézières se souviennent-ils encore de l'habile violoniste Alexandre Schneider, décédé il y a environ un quart de siècle ? Il était le fils aîné de la petite flûte-solo de la musique de *Brandebourg.*

(2) Les pertes de la garnison et des habitants ont été évaluées à 217 morts et blessés.

russiennes recueilleront la gloire. *Nil novum sub sole !* Le général en chef Hake est entré à Mézières avec les Prussiens, et escorté par un détachement de hulans.

Vers deux heures de l'après midi, un officier prussien se présente devant le pont-levis, suivi d'un trompette qui sonne au parlementaire. Il est introduit et remet une lettre au général Lemoine, de la part du général Hake. Le conseil de défense, réuni, entend en frémissant de rage, les propositions suivantes :

1° La citadelle sera remise, le 11 septembre au matin, aux troupes de S. M. le roi de Prusse, qui la cernent actuellement.

2° *Pour gage de cette remise,* la porte de la citadelle du côté de la ville, ainsi que les ouvrages extérieurs du côté de Saint-Laurent, avec armement, seront occupés au matin du 1er septembre, par les troupes de S. M. le roi de Prusse.

3° Non seulement l'artillerie, les munitions et armement de tout genre, et les magasins, mais aussi les cartes, plans et mémoires militaires, seront rendus aux troupes prussiennes.

« Non ! non ! jamais cela ! s'écrient dans un noble emportement tous les membres du conseil et le gouverneur lui-même. Mais une question les préoccupe. L'ennemi faisant jouer la mine contre le bastion n° 1, pourrait-on défendre le passage ? Avec l'autorité de la science, le commandant Delavigne explique que l'explosion peut ouvrir sur le flanc gauche du bastion une brèche de plus de quatre-vingt-dix pieds. Le colonel Griois se répand en amers regrets qu'on ait repoussé son avis de ne pas se rendre et de lier le sort de la ville à celui de la citadelle. Rappelé à l'ordre par le président « Eh bien ! s'écrie-t-il en jurant, que le roi, qui nous abandonne, ait la honte de notre reddition ! » Deux membres l'applaudissent. Le général était pâle comme un mort. Il envoya au général ennemi le commandant Traullé et le colonel Griois pour réclamer le maintien de la convention du 10 août ; Hake ne voulut pas les recevoir, et les deux officiers rentrèrent à la citadelle. Le colonel d'artillerie se répandait en invectives, apostrophait les soldats, les prenant à témoins de la conduite impitoyable et déloyale du général ennemi, et semant dans la garnison une émotion que le commandant de place s'efforçait au contraire de calmer. Des cris de fureur retentirent dans la citadelle, des soldats montaient sur les bastions qui regardent la place et lançaient aux Prussiens impassibles les plus violentes injures.

Le général Lemoine redoutait une révolte de la garnison qui, elle, sentait que son chef, intérieusement, pensait ce qu'elle disait tout haut. Le drapeau blanc, plus que jamais insigne de capitulation, fut abattu par un sergent de grenadiers, et un officier de la place dût le replacer lui-même. On retira les mousquetons aux canonniers qui voulaient s'en servir contre les sentinelles prussiennes. Nouvel émoi chez les voisins de la citadelle, qui entendaient le désordre qui s'y passait.

Second parlementaire à sept heures et demie du soir. Reçu à la lueur des torches, il hésitait à franchir le pont-levis ; les soldats lui faisaient des yeux terribles, et il serrait avec force le bras du capitaine Lefebvre, comme pour implorer au besoin son assistance. Il apportait cependant l'ultimatum de son maître : « Si vous n'acceptez pas et si vous ne déclarez pas accepter toutes les propositions que je vous ai faites par ma lettre du 30, je vous avertis qu'à minuit précis, toutes mes batteries joueront contre la citadelle. »

Un général français digne de ce nom pouvait-il accepter de demeurer dans une citadelle dont les Prussiens se fussent constitués les portiers consigne ? Le gouverneur ne le crut pas, et, couvert par la morne approbation du conseil de défense, il souscrivit à l'abandon total de la citadelle pour le 3 septembre. Aussitôt, l'officier prussien se répandit en compliments et en éloges qui furent interrompus par la retraite silencieuse de tous les assistants. Brisé de douleur, le général Lemoine s'était retiré dans son logement. Au commandant Traullé incombait la triste mission d'informer les soldats de la décision suprême ; et, quand ils entendirent ce noble mutilé, qu'on ne pouvait soupçonner de lâcheté, leur rappeler, avec des sanglots dans la voix, les périls communs du siège, les supplier de se conserver pour la France et de ne point tenter une résistance inutile qui retomberait sur les malheureux habitants, leurs frères d'armes d'hier, un attendrissement indicible les gagna tous et, dans

un élan unanime, ils promirent obeissance et résignation.

Le 2, les préposés des douanes évacuaient la
porte de *Secours* dont les Prussiens s'emparaient
immédiatement. Ils sortirent de la citadelle avec
quelques canonniers bourgeois de Mézières et de
Charleville et se rendirent à la direction. En même
temps, le maire de Mézières faisait part au gouverneur de la décision du conseil municipal de lui
offrir une décoration de la Légion d'honneur portant
ces mots : « *Au général Lemoine, la ville de Mézières
reconnaissante.*

Le dimanche 5 septembre, de grand matin, une
foule sympathique de curieux se montra à toutes
les fenêtres d'où on peut voir la place de la préfecture. Les Prussiens en avaient chassé les bourgeois et étaient massés devant la citadelle, leur
état-major à cheval, dans la cour de la préfecture,
avec un peloton de uhlans.

Des exclamations se firent entendre, quand les
tambours commencèrent à battre sous la voûte :
« Vive le général Lemoine ! criait-on aux fenêtres,
et le gouverneur à cheval répondait avec son épée,
ou en s'inclinant. Afin de rester le moins possible
en présence des Prussiens, il avait fait ses adieux
dans la citadelle à tous les officiers de la place.
Les généraux prussiens répondirent au salut du
général français en portant la main à leur haut
chapeau à panache couleur feu que maintenait une
jugulaire en galon d'argent. Les soldats prussiens
regardaient beaucoup l'ordonnance du gouverneur,

chevau-léger échappé de Waterloo et qui portait encore son casque de cuivre à chenille noire. Derrière les tambours venait la brave compagnie du 22e de ligne, puis la compagnie dite des *revenus*, où se coudoyaient tous les uniformes de la ligne et de l'ex-garde impériale, les grenadiers avaient conservé le bonnet à poils. Ensuite un peloton bigarré de cavaliers démontés de toutes les armes, les uns portant le shako, les autres le colback, quelques uns le casque, mais tous armés du mousqueton. Enfin, deux canons de campagne, deux obusiers et quatre caissons, le tout bien attelé, avec soixante-cinq canonniers, et la mèche allumée.

Les habitants, refoulés de la place, s'étaient donné rendez-vous hors de la porte, sur la grande route, et de chaleureux adieux furent échangés. Un pauvre idiot, bien connu dans les rues de Charleville-Mézières où il mendiait son pain, s'approcha du général Lemoine et, lui tapant sur le cuisse, lui dit : « Au revoir, mon brave homme ! » Hommage véridique et dont son humble auteur faisait tout le prix.

La petite colonne devait se rendre à Paris, et le gouverneur avait ordre de licencier sur son passage tous les soldats des départements traversés. Bien que, vu le nombre restreint des journaux, la publicité fut alors presque nulle, la renommée des défenseurs de Mézières, leur intrépidité et leur obstination à ne pas se rendre étaient connues par toute la France ; les populations se portaient à leur rencontre et, dans plus d'une ville, les habitants se disputèrent l'honneur de les loger et de leur faire fête. La destination provisoire de ces braves était la caserne des *Petits-Pères* ; et lorsque, ayant fait ranger ses hommes en cercle, le général Lemoine leur eut fait ses adieux en pleurant, un fusillier s'approcha, prit dans son shako un petit paquet et le lui mit dans la main en s'essuyant les yeux. Le général voulait l'ouvrir, mais les soldats le prièrent de n'en rien faire, au moins dans la cour de la caserne, et lorsqu'il l'ouvrit, il y trouva une banderole coupée dans le drapeau qui flottait sur la citadelle. Ce n'était pas le drapeau blanc.

FIN

CHARLEVILLE. — TYP. F. DEVIN ET Cº.

289